Supreme

Φ

INTRODUCTION BY CARLO McCORMICK

Twenty-five years is a long stretch—perhaps not life but enough time to define a life. In a business, as in a relationship, it is something of a milestone, a perhaps arbitrary pivot when the upstart becomes an institution, the contemporary ripens into the historical, novelty cedes its impetuous will to longevity, and the iconography of identity is no longer something you just try on for size but consider for its durability.

Twenty-five years: not the end of the story by any means; it seems now to just be getting started. But this milestone offers a worthy moment to consider what Supreme, as a brand and an attitude, has come to represent. It's impossible to know where you're going unless you remember where you came from, to forego nostalgia but allow retrospect to understand the present. Most of the kids I knew who worked at Supreme in its unruly infancy now have kids themselves, and that we've lost a few way too early only means that those who continue their affiliation with this dysfunctional family do so with the burden of memory.

It may all seem so auspicious now, but make no mistake about it: the NYC that James Jebbia moved to and eventually set up shop in was by no means in its glory days. While successive generations downtown had enjoyed a rare degree of urban abandonment and neglect, growing culture like weeds in all that squalid vacancy, by the dawn of the nineties that accrued legacy was broken. Simply put, drugs and AIDS had taken away the very best, leaving the rest somehow beaten. Still far from the white and polite bastion of affluence and entitlement it has become now, gentrification had already put the squeeze on as creative brain drain of freaks and free thinkers fled for cheaper pastures. To put it in perspective: Supreme opened because the city didn't have a real skate shop, and it was what might be kindly called a failing business until they hit on the idea of making and selling their own T-shirts for a bit of desperate cash flow.

I remember being asked more than once where everyone was, where the rest of the weird people on the scene were. Well, kids have always come to, or come of age in, this town looking for something that is probably already over, and it's their reinvention of what is not there on their own terms that continues to move things forward. Supreme, as a site of irascible delinquency—not as a brand or even a store so much as a clubhouse for a new wave of miscreants—was born out of the irrepressible energies and wretched boredom that is youth. As it turns out, all those countless hours wasted smoking blunts, talking shit, stealing anything that wasn't nailed down, going where you're not supposed to, drinking beer, and watching skate videos was somehow the best investment any brand or community could have hoped for, but rebellion often comes from ennui and disaffection. Urgency doesn't wait, and when everything around you is fucking boring, that's just permission to find your own fun, even if it means breaking a few rules and bones along the way. A whole lot of people didn't get it; they just couldn't fathom the socializing process within the antisocial behavior. But for those who did, it wasn't just that the kids were still all right; they were the best hope we had.

Twenty-five years into an impromptu yet intuitive project that has grown from cottage industry to international trade, the success of Supreme has earned it

widespread recognition as a major force and paradigmatic apogee in myriad fields, including design, fashion, art, street style, and branding identity, but putting such accolades aside, Supreme was and will always remain a fundamental, unflinching expression of skate culture. These are its roots, gnarled and gritty enough to show through whatever posh 'do it dons, but more than that this comprises its ethos, what makes everything it does inherently subversive and antiauthoritarian no matter how established it becomes. Sure, it's by no means underground anymore, but street-level and Internet-available. It is viral, like a meme of misbehavior that infects status, semiotics, and social decorum with Dada aesthetics, postmodern irony, cheeky disobedience, and savvy subterfuge everywhere it goes. Supreme did not invent irreverence; they inherited it as the mandate by which younger generations question and chafe against received wisdom, and they have carried it forward as a subcultural glitch within the mainstream.

Resented, chased, and cursed—just watch any of the recent Supreme videos like William Strobeck's "BLESSED"—unsanctioned skating has been as grossly under-appreciated and even reviled as graffiti. Yet somehow, like the outré margins that define the societal center, the taboo nears the psychology of the fetish. If we then consider Supreme as above all else a skate shop, we understand all its production—not just the decks but the apparel as well—as the manufacture of highly coded fetish objects. All their collaborations and commissions, along with the innumerable design oddities they create in-house, serve this purpose of exalted transgression, and the brand strategy is precisely that of the skaters it represents: subversive and invasive, antiauthoritarian and iconoclastic, about velocity and elevation, mischief and magic, the moment of gravitational defiance and that of sudden impact. This is search-and-destroy, trespass, impolite, and in-your-face yet born of an infinite grace.

All this considered, what has made Supreme far more sustainable and significant than a lot of other players on the same field is its uncanny understanding of the artist's role in defining the visuals by which we navigate the world and self. Perhaps it is a chance of real estate, but it hardly seems a complete coincidence Supreme's first store opened just down the street from where Keith Haring kicked open the possibilities that a T-shirt or most any other product imaginable could be an artist's canvas by opening the Pop Shop in 1986. Haring, who had already been warned by many in the art world that the commercialization of his work into apparel could only hurt his position in the art market, asserted that, "The use of commercial projects has enabled me to reach millions of people whom I would not have reached by remaining an unknown artist. I assumed after all that the point of making art was to communicate and contribute to culture." Haring's influence on the genesis of this street-borne apparel argot, particularly on seminal graffiti artists like Haze and Futura, a pioneer and continuing presence within the Supreme universe, has allowed an alternative means of production and distribution for artists to get their work out—most significantly not through the limited sale of expensive works to the privileged few but in the most democratic, accessible, and affordable ways possible.

This democracy of terms as a new kind of art making, and the place that aesthetics as well as subcultural meaning can have within this genre, is as endemic to the

history of Supreme as it is to its ongoing modus operandi. It's undeniable in the many artist projects found in the book by the likes of Cindy Sherman, HR Giger, Raymond Pettibon, Larry Clark, Nan Goldin, John Baldessari, Dash Snow, Harmony Korine, Urs Fischer, and the Chapman Brothers, and it's just as intrinsic in everything they do, whether it be a T-shirt or a deck, a punching bag or a bolt cutter. As an art critic with a proclivity for art's cross-pollination with popular culture and the dumb luck of knowing Supreme since its commercially inauspicious start, I must admit that art has always been my principal and paramount entry point into the brand. I'd like to close with something that is sure to piss off everyone that wears Supreme: You can think all you want about what you're representing, kids. But you're wearing art.

15

SUPREME BY HARMONY KORINE

we came and we went. skateboards
broken teeth
gold teeth
we dipped
we boosted
broken homes
slept on rooftops
chased oblivion
kids
mothers were scared
fathers were scared
laid out in parking lots
back streets
shadows
no money
no mercy
pocket change
fought with security guards security guards nobody
stole the ketchup from carls jr hopped up on turnstyles hopped up
a few got locked up

created the scene
took some licks
laughed a lot
tucked our pants into our socks got engulfed by the scene
met at the banks banked some change never trusted a bank pagers and beepers
midnight creepers washington square
stay away from squares all day pushing
pushing the limits whats good yo
lo lifes
knuckle up
got fucked up
couldn't barely read read the tea leaves
the writing on the walls the tags
the hags
the hangers on

the forgotten
some rose some fell
some lived some died
trap world rat pack
boosting crews rucksack
deceptikons
dirty blondes
another world
the city was a cess pool
no pools
it was a playground
it was perfect
it reeked with glory
fell 10 stories
so many stories

and one day the shop opened
on lafayette
and my first apartment was two blocks away
my italian landlord won the block in a card game and at night the crew would
sit on my fire escape and we could escape
and stare down at the people walking by
and look up at the sky over broadway
yelling stoops on the stoop
posted up

the come up
beers and weed
always cracking up
the weed
the we
and we were free
and we thought it would never end off to the races
the moment was perfect
it barely existed
we got lost in it
got tossed in it
it was beautiful
it was supreme

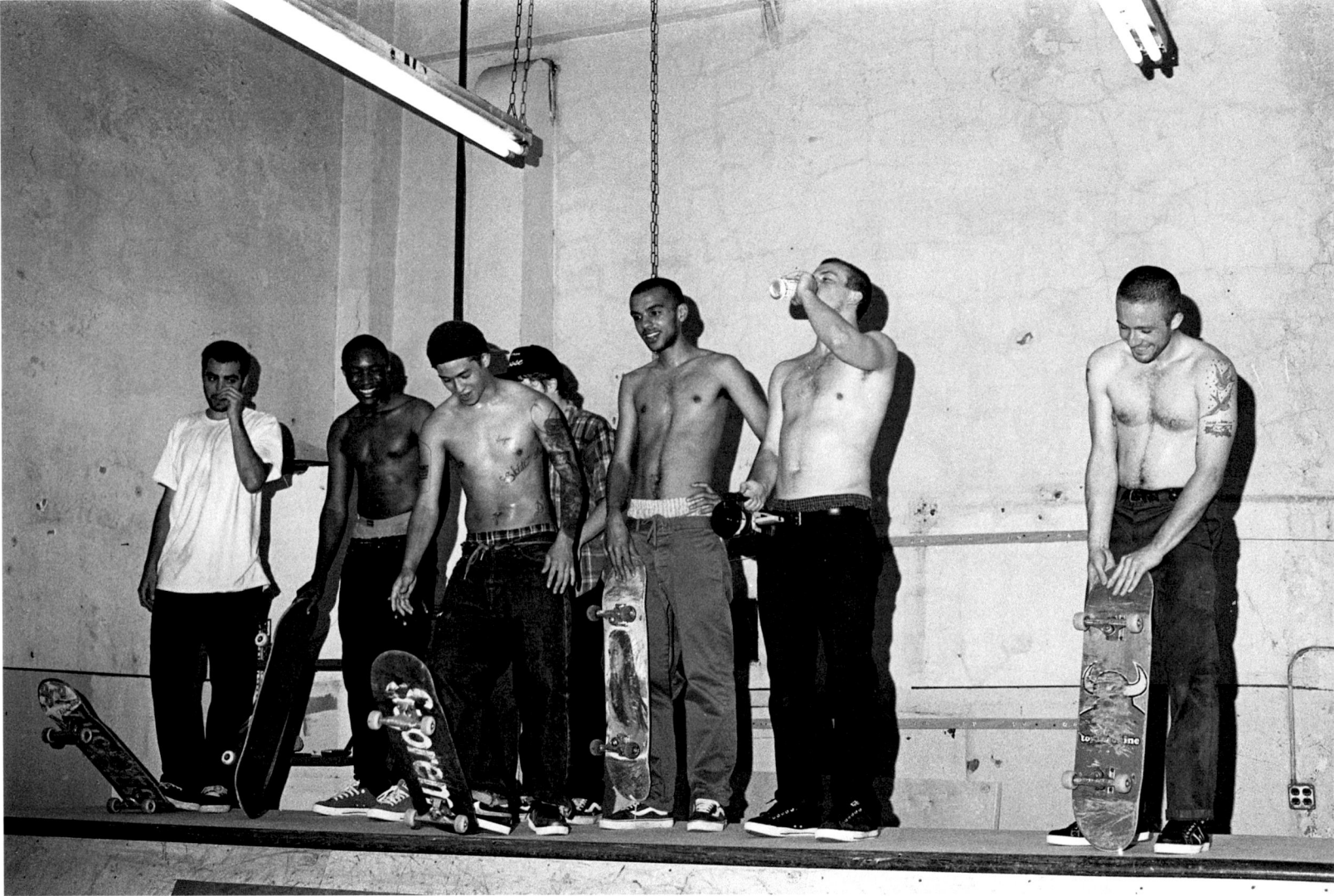

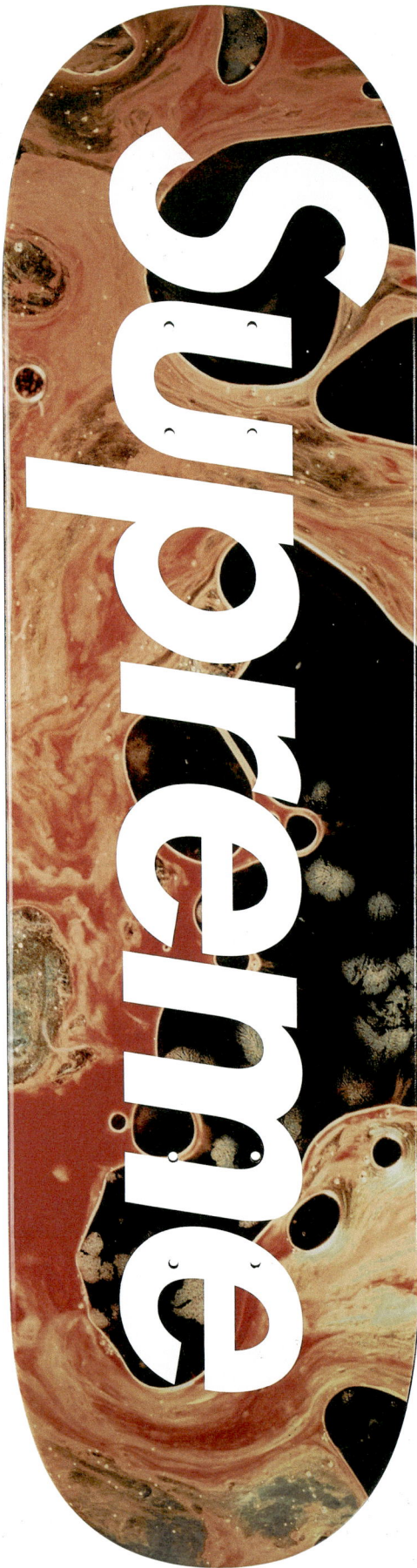

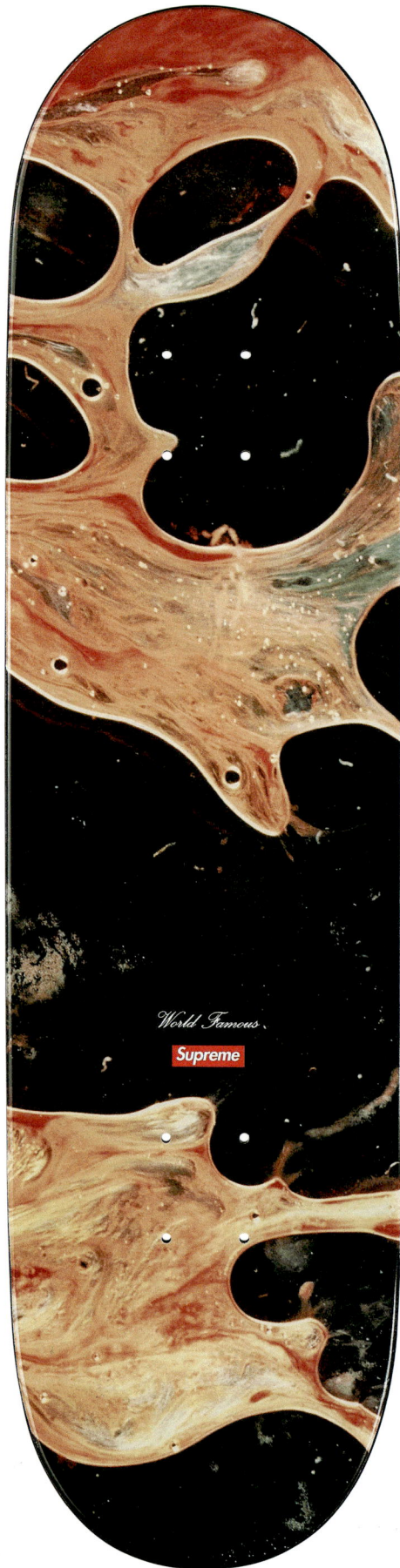

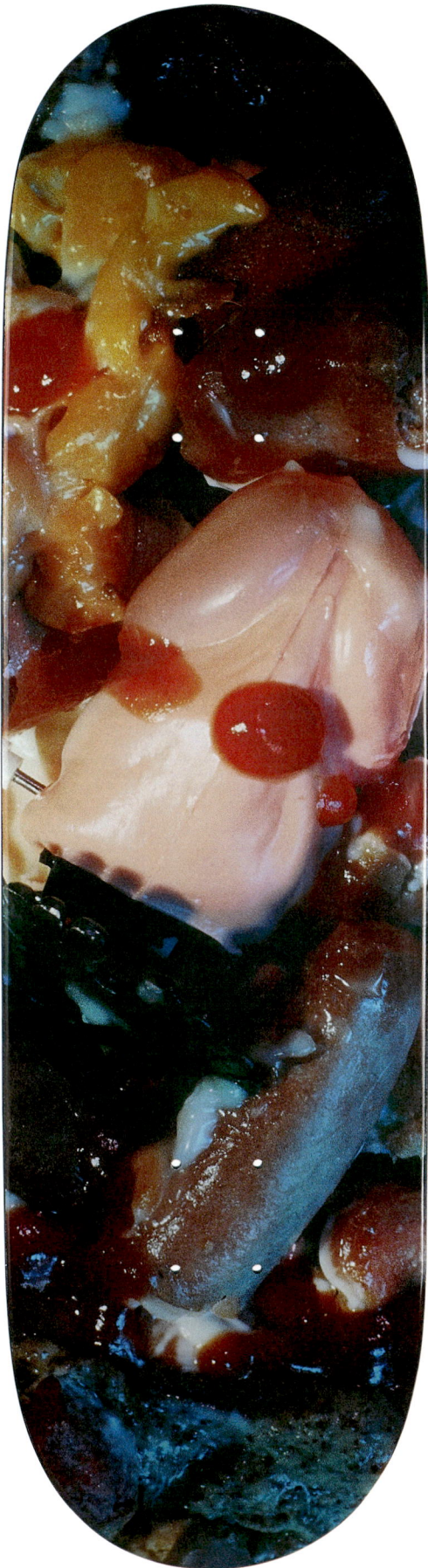

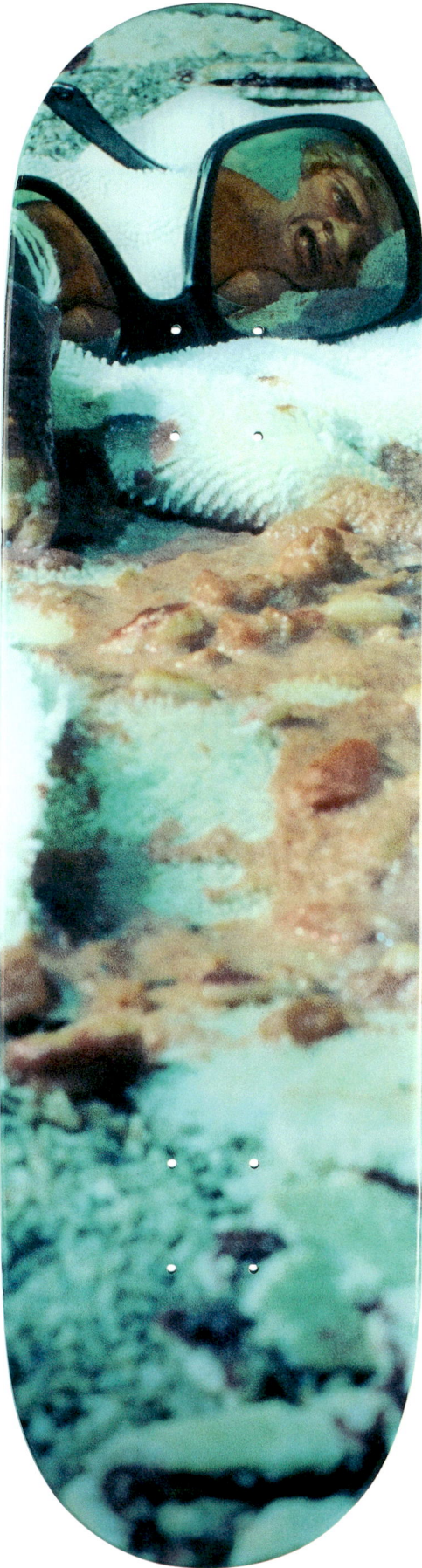

DASH SNOW
Supreme

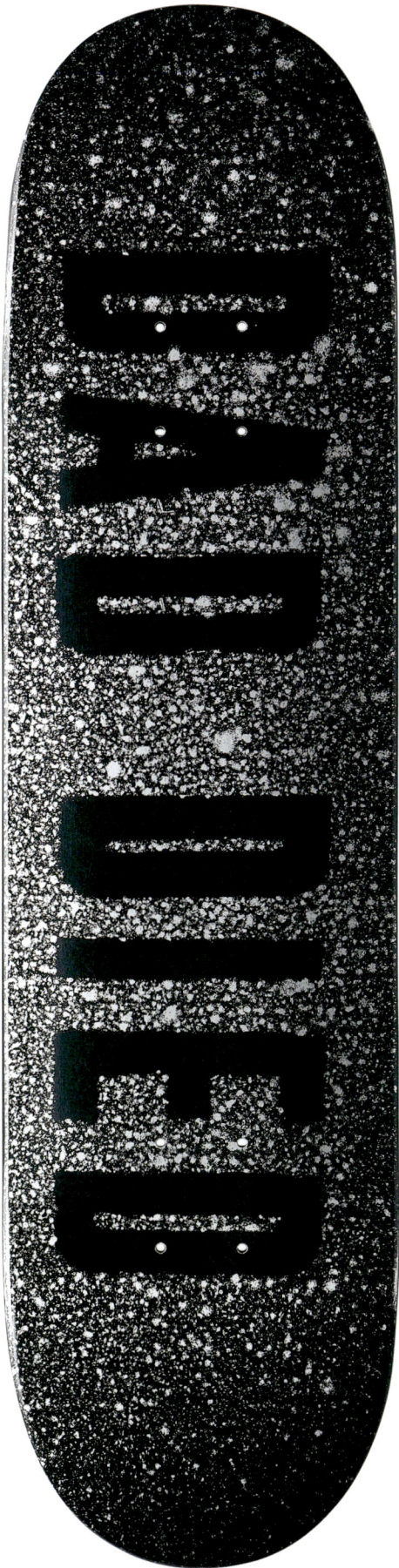

Mark Flood

Supreme

Raymond Pettibon

Supreme

Blood and sperm all over the place.

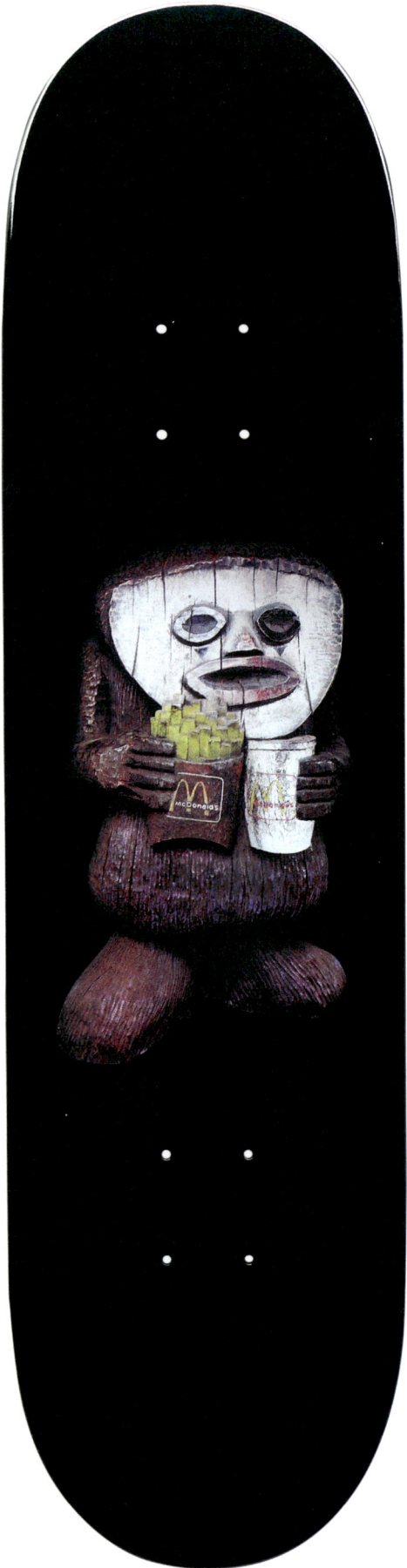

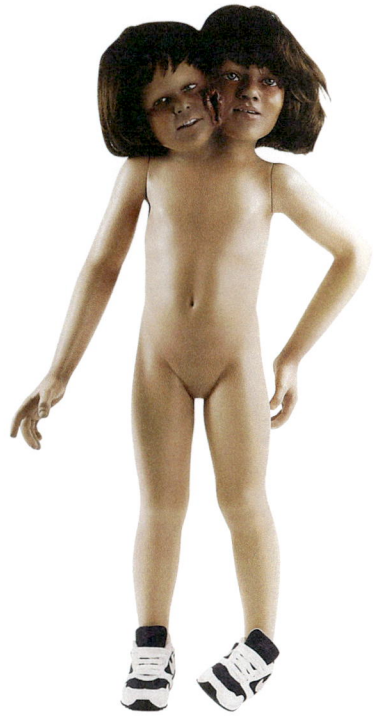

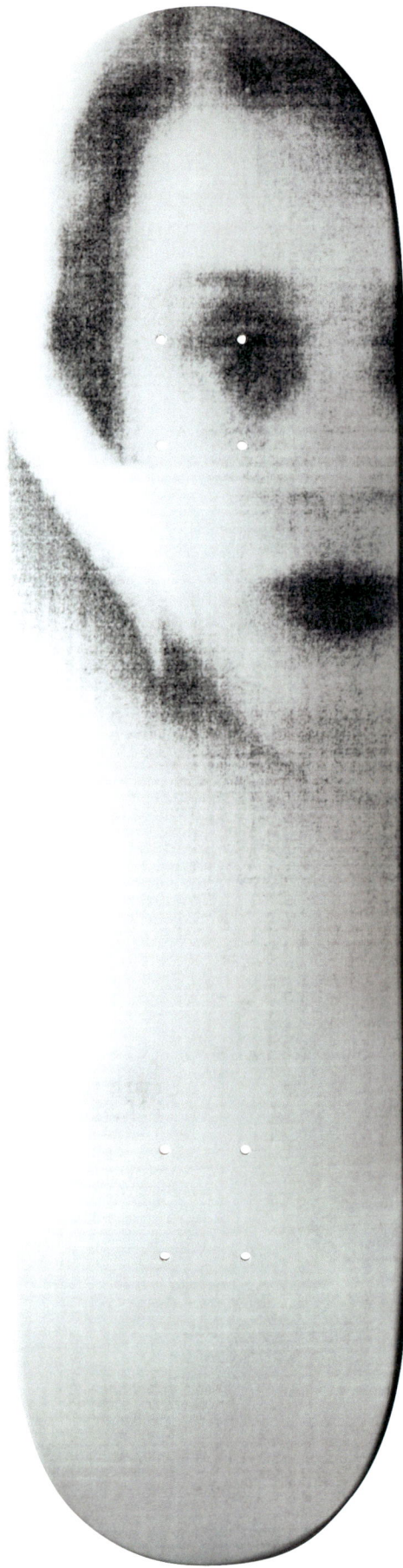

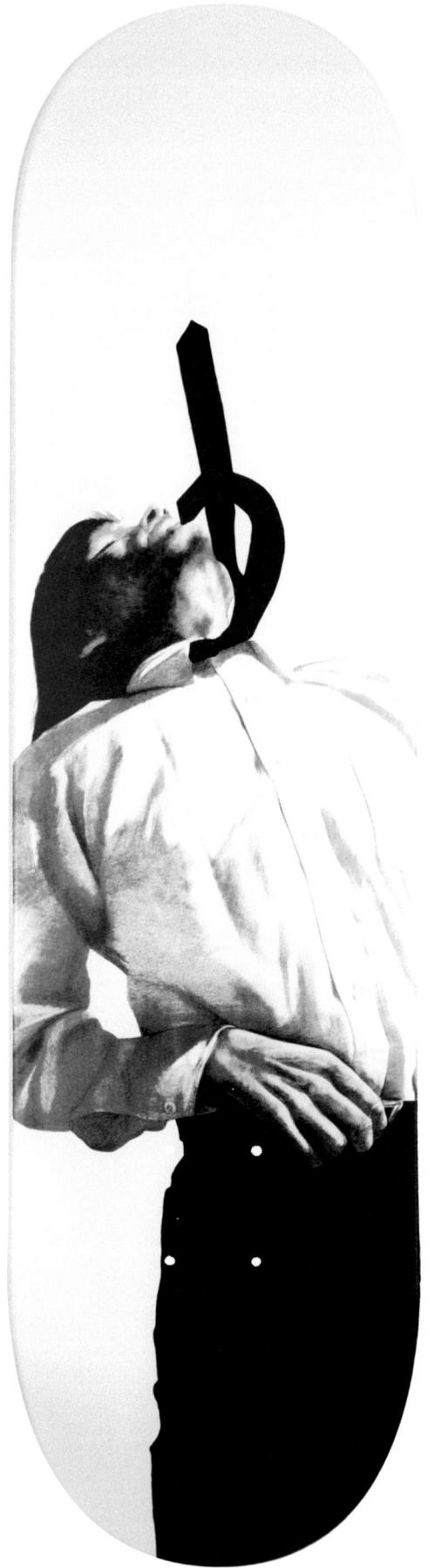

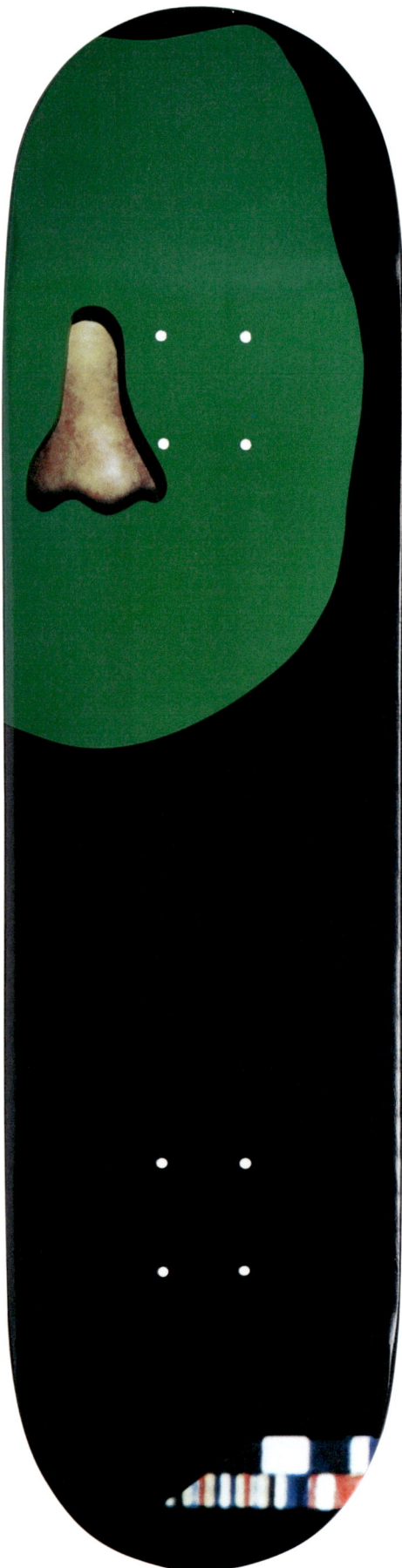

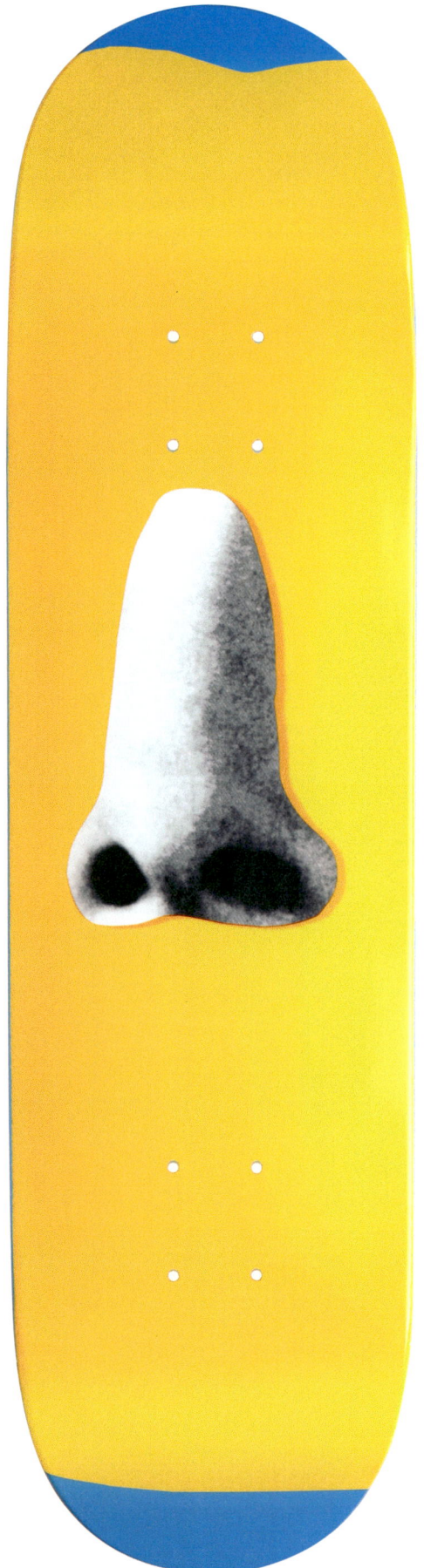

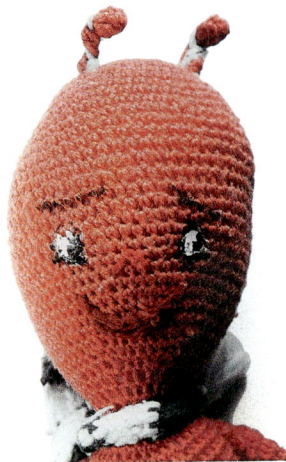

 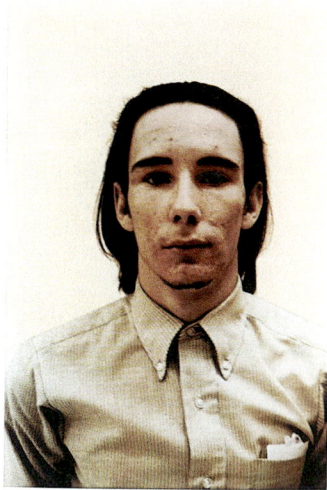 

*Mike Kelley*

Supreme

# Supreme

**Book Vol. 6**

*John Lydon photographed by Shaniqwa Jarvis*

ファッション・シューティング／シプリアン・ゲイラード×テリー・リチャードソン
アーティスト・フィーチャー／ジョン・バルデッサリ、NYスケーター／ラリー・クラーク
ドリー・ヘミングウェイ with スケーター／アレスタ・マクレラン
NYカルチャー・インタビュー／フィリップ・プティ、ラージ・プロフェッサー、コスト
特別付録1「ミリタリー・ショルダーバッグ」、特別付録2「オリジナル ステッカーシート」

**JOHN LYDON**
巻頭特集／ジョン・ライドン

open honest fresh face
Supreme
Larry Clark
2010

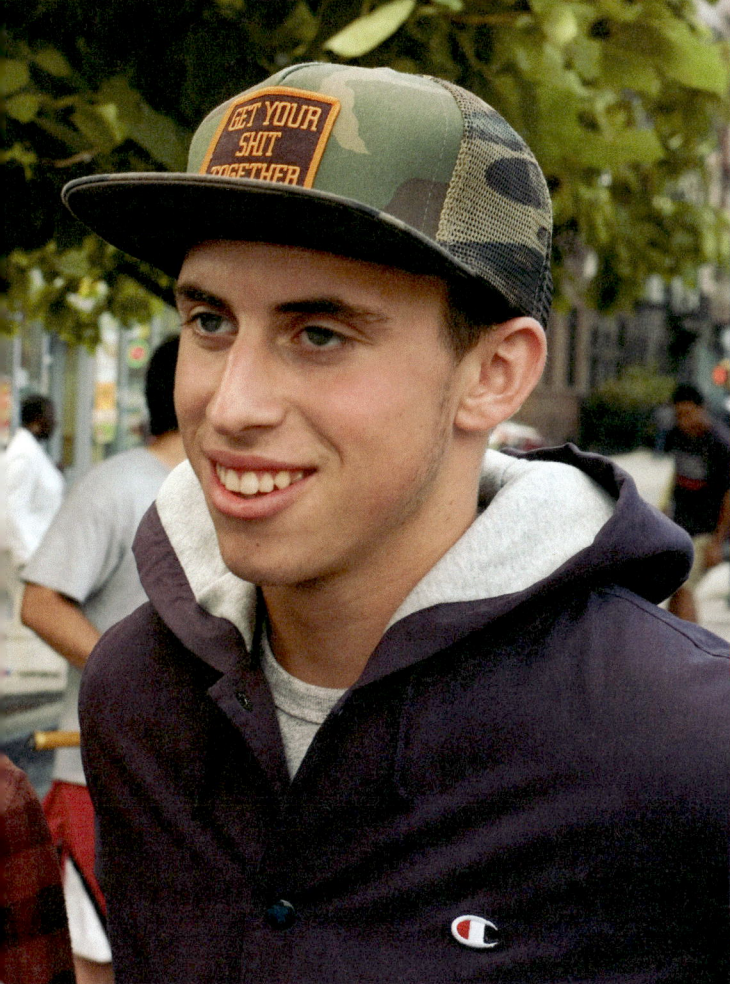

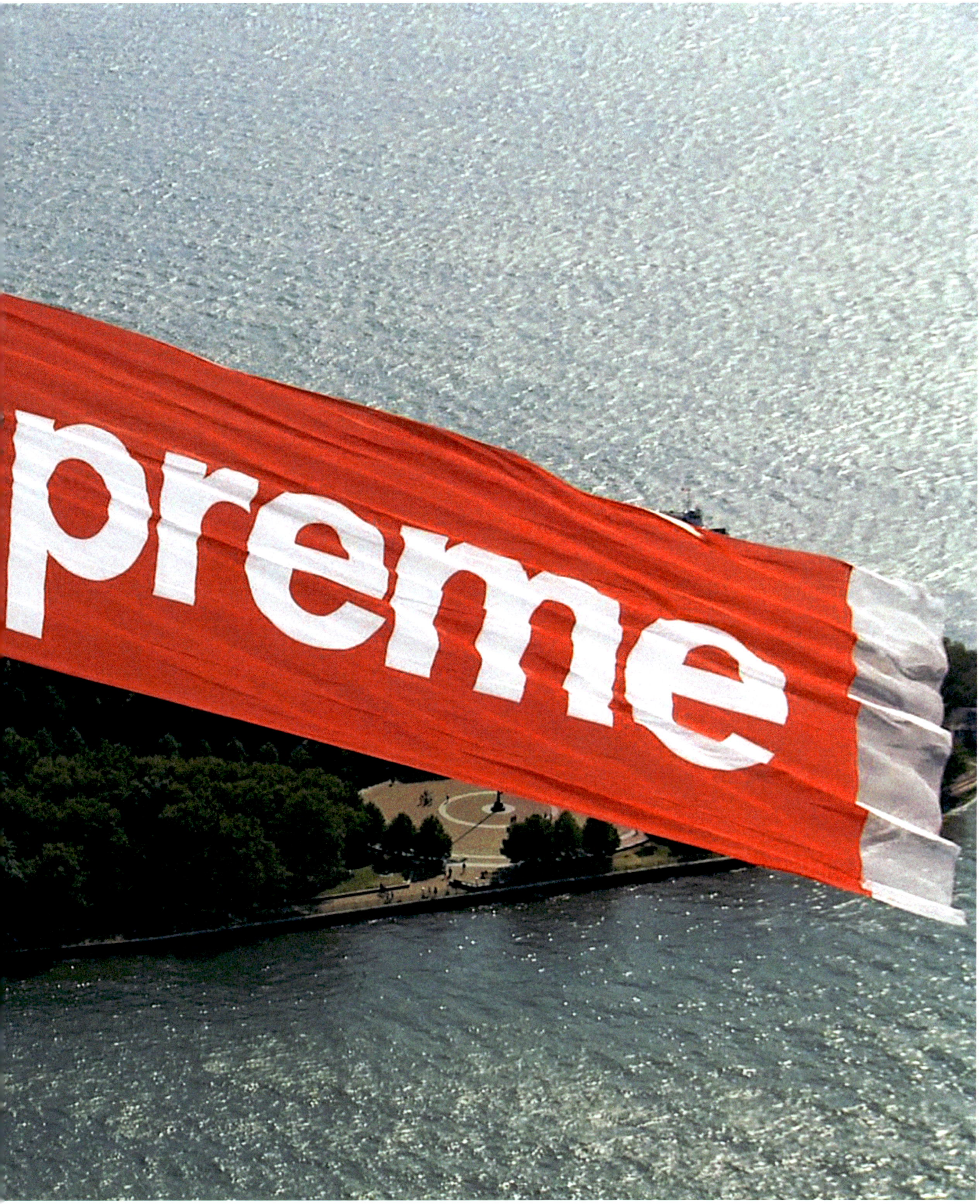
preme

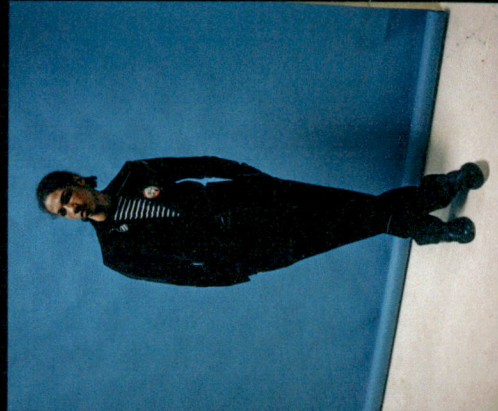

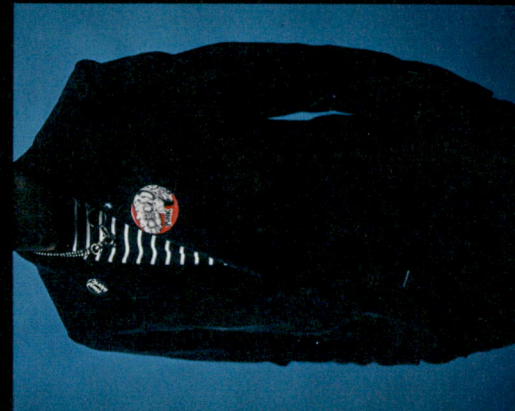

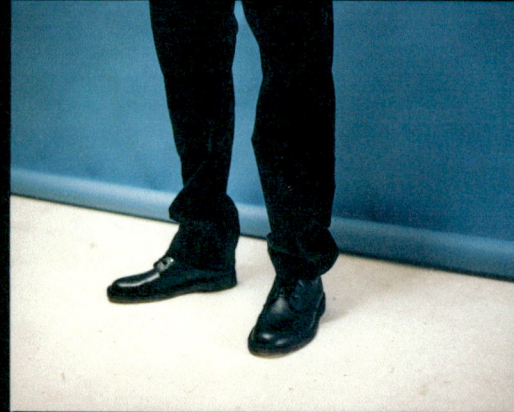

►1    ►2    ►3    ►4    ►5    ►6    ►7    ►8    ►9    ►10    ►11    ►12

3

TYRONE
06.10.11

4.10.12

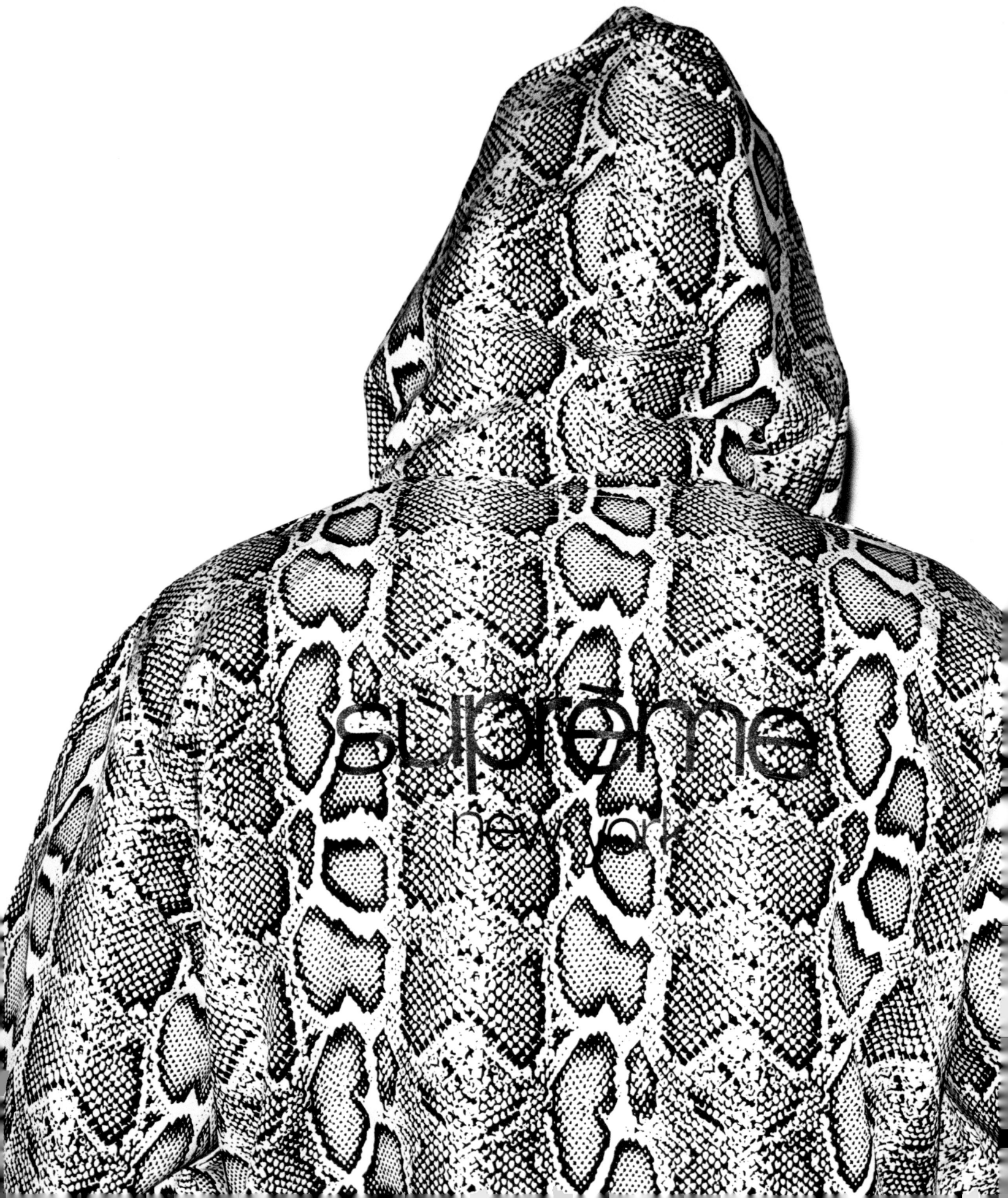

TO SUPREME
¡PAY ME?
LUV
Shane
(FAIRY TALE OF
NEW YORK)

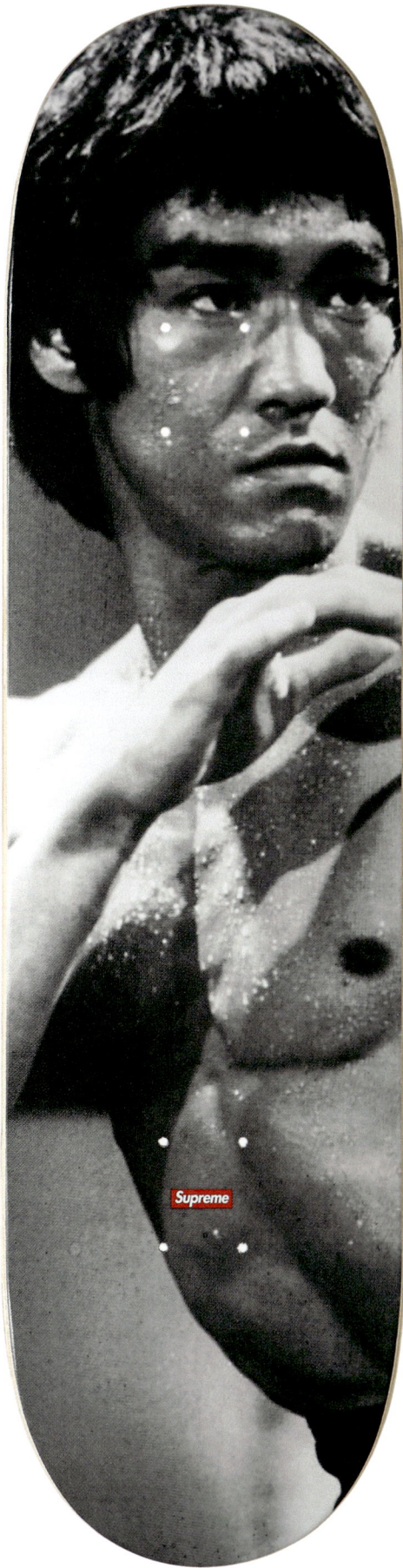

Supreme

# "cherry"

**Supreme**

Tyshawn Jones
Sage Elsesser
Sean Pablo
Na-kel Smith
Kevin Bradley
Aidan Mackey
Paulo Diaz
Mark Gonzales
Alex Olson
Dylan Rieder
Jason Dill
and...

a video by William Strobeck for Supreme

Supreme® 2014 Running Time 38 Minutes

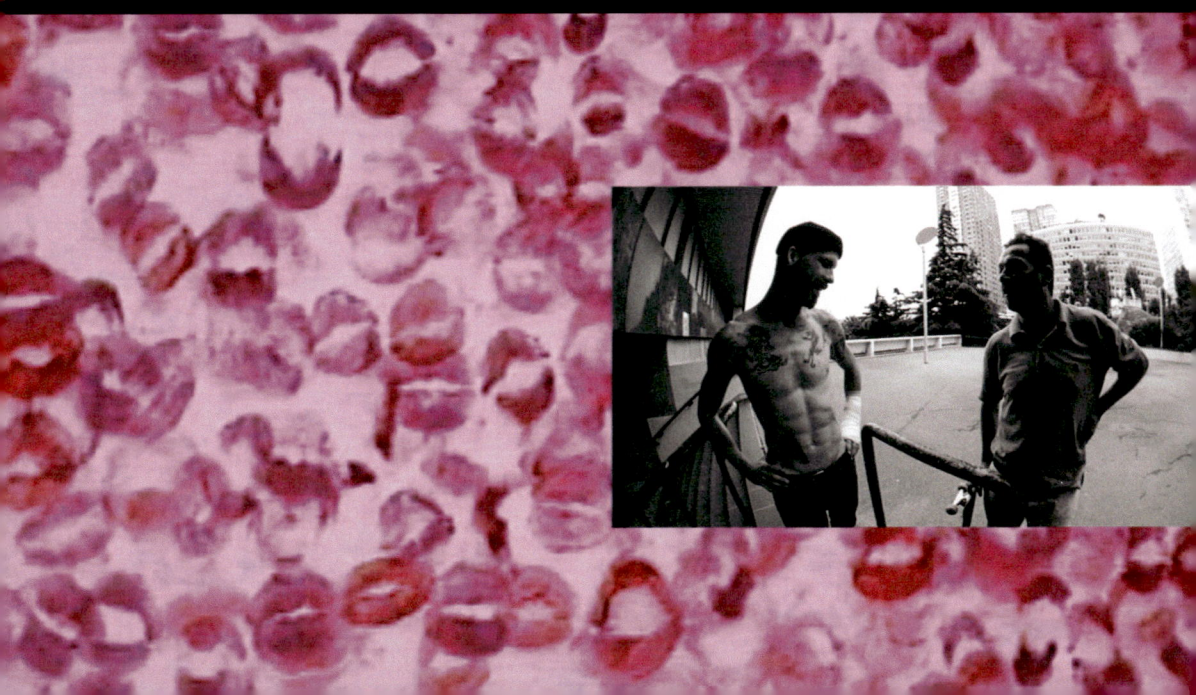

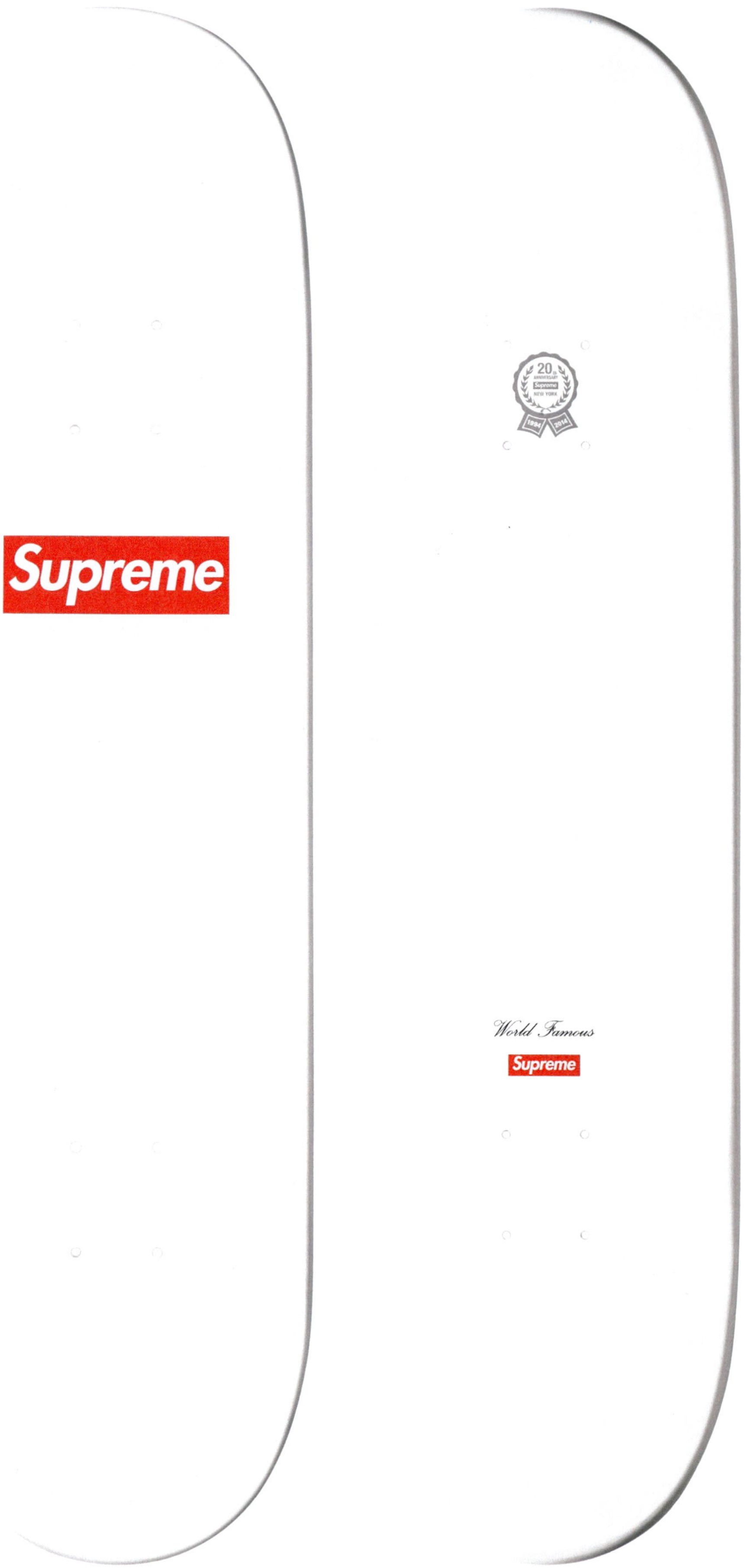
Supreme
World Famous
Supreme

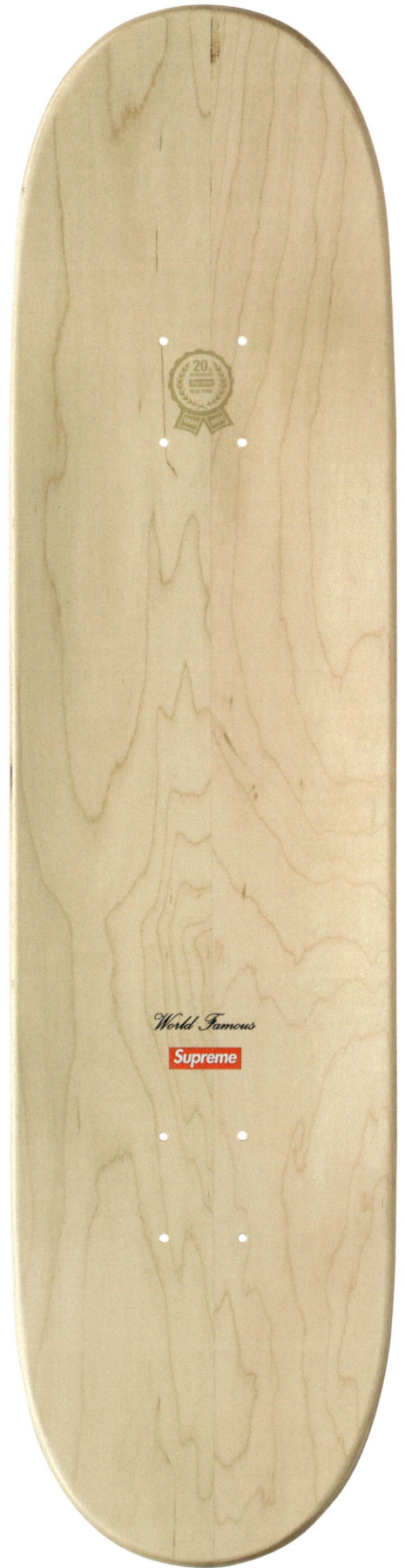

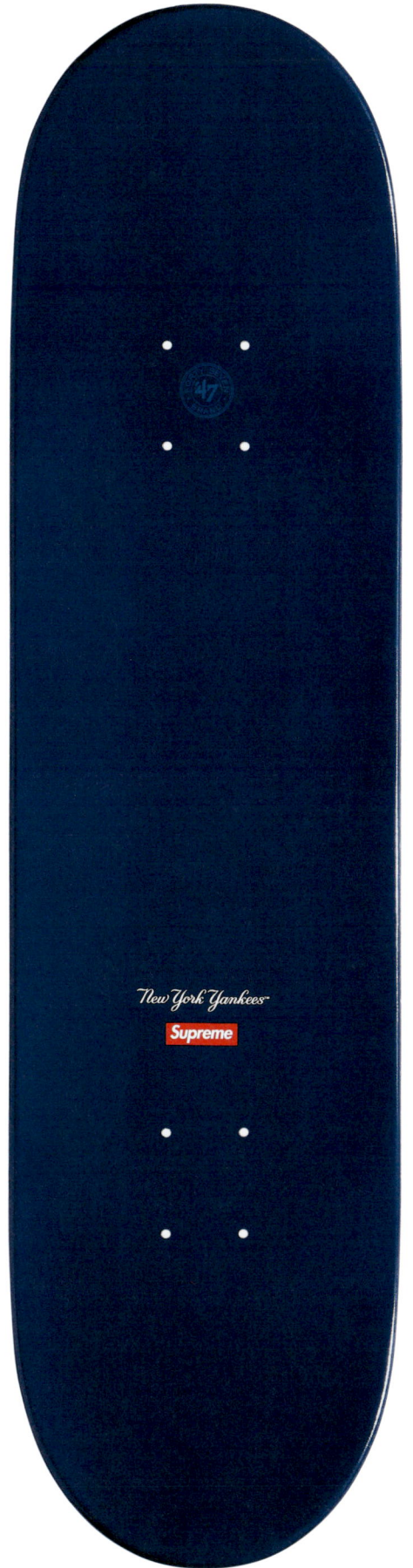

Supreme

New York Yankees™
Supreme

127

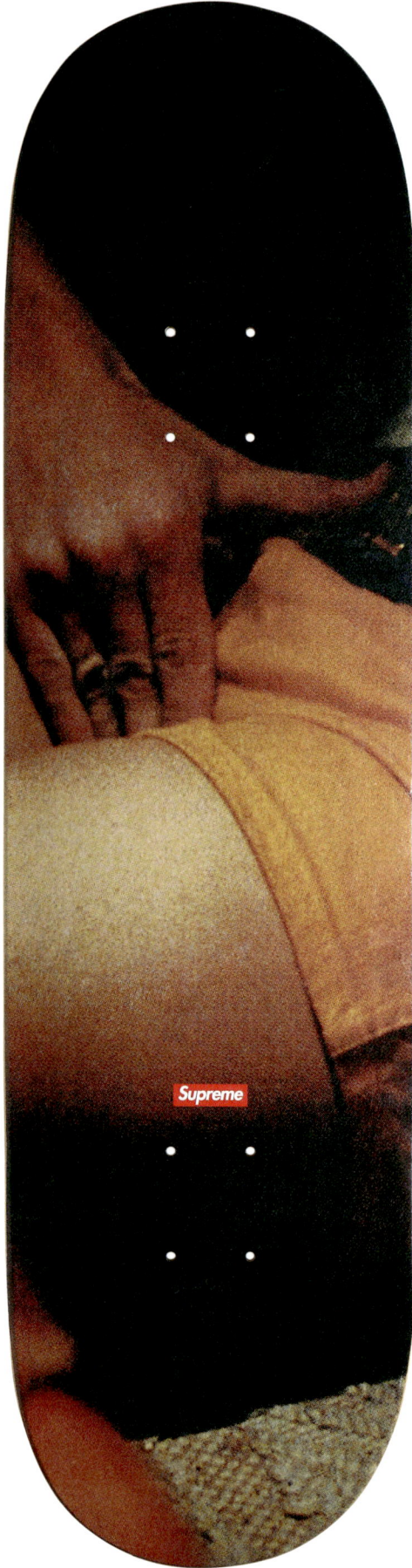

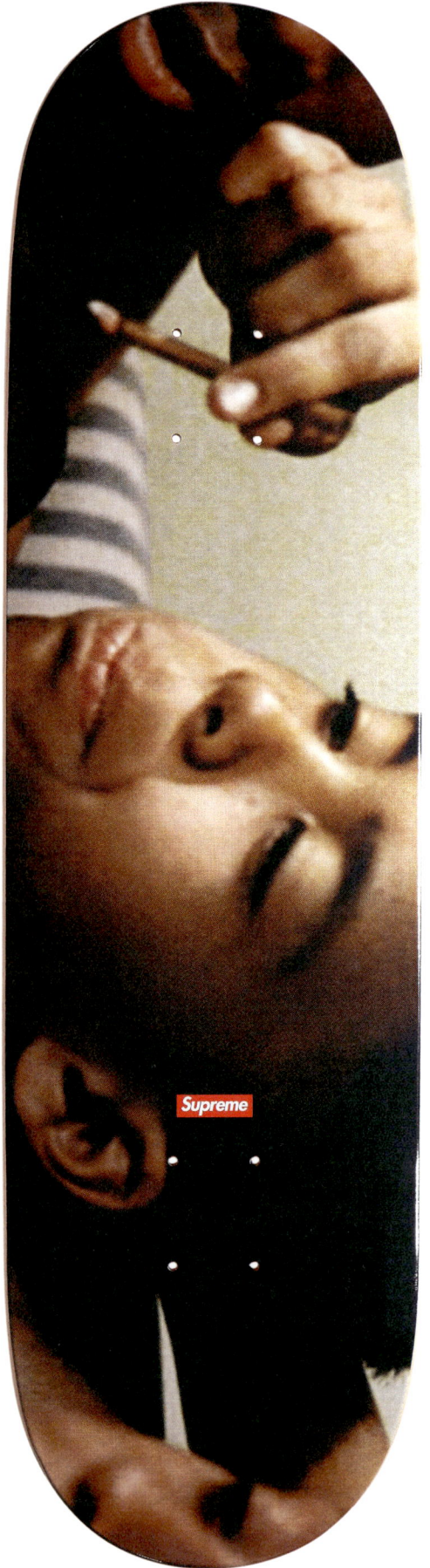

# i-D

Collector's edition cover by Supreme

preme

Supreme

Supreme

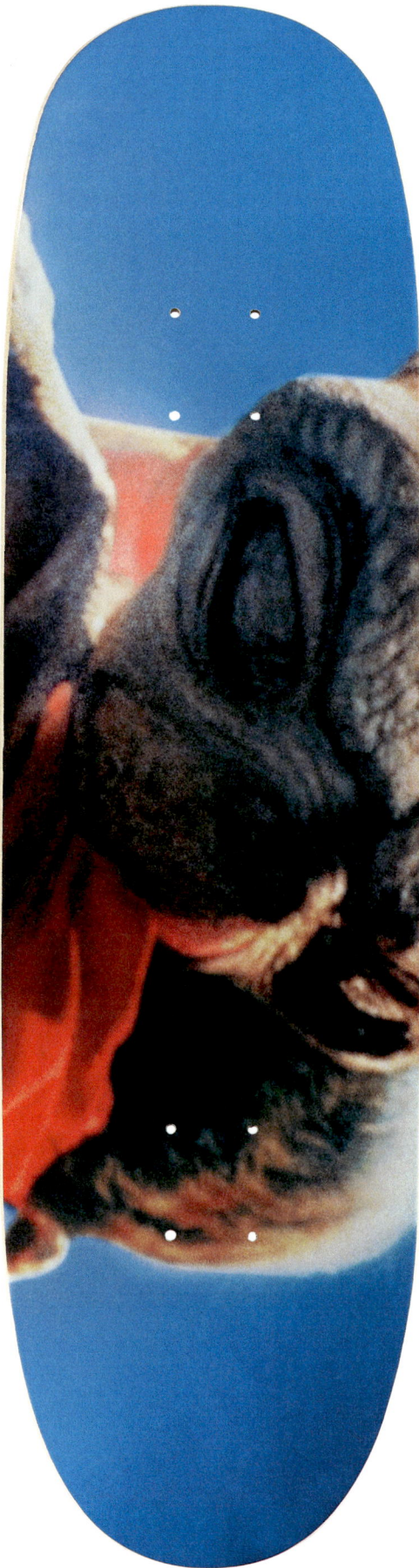

147

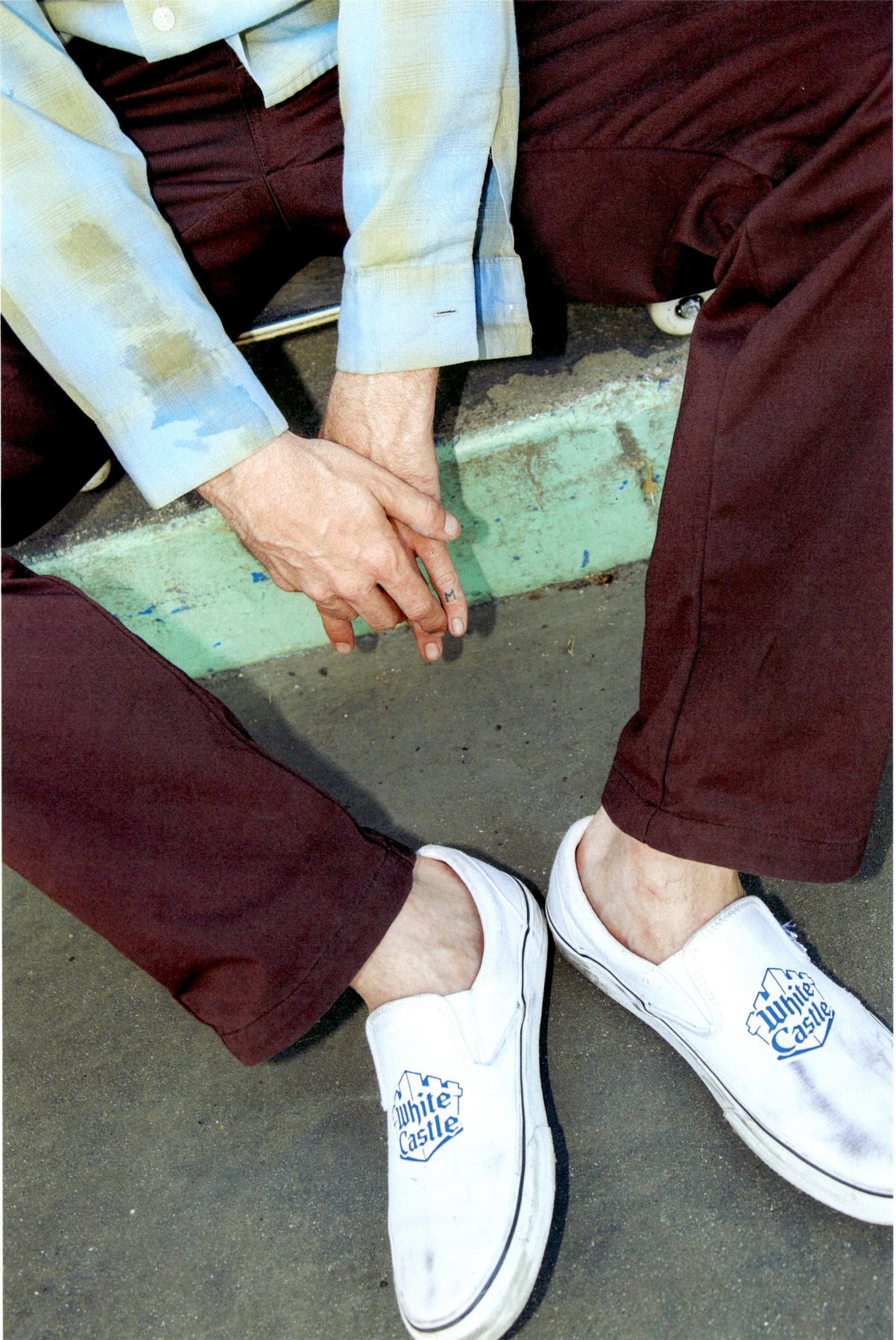

156

159

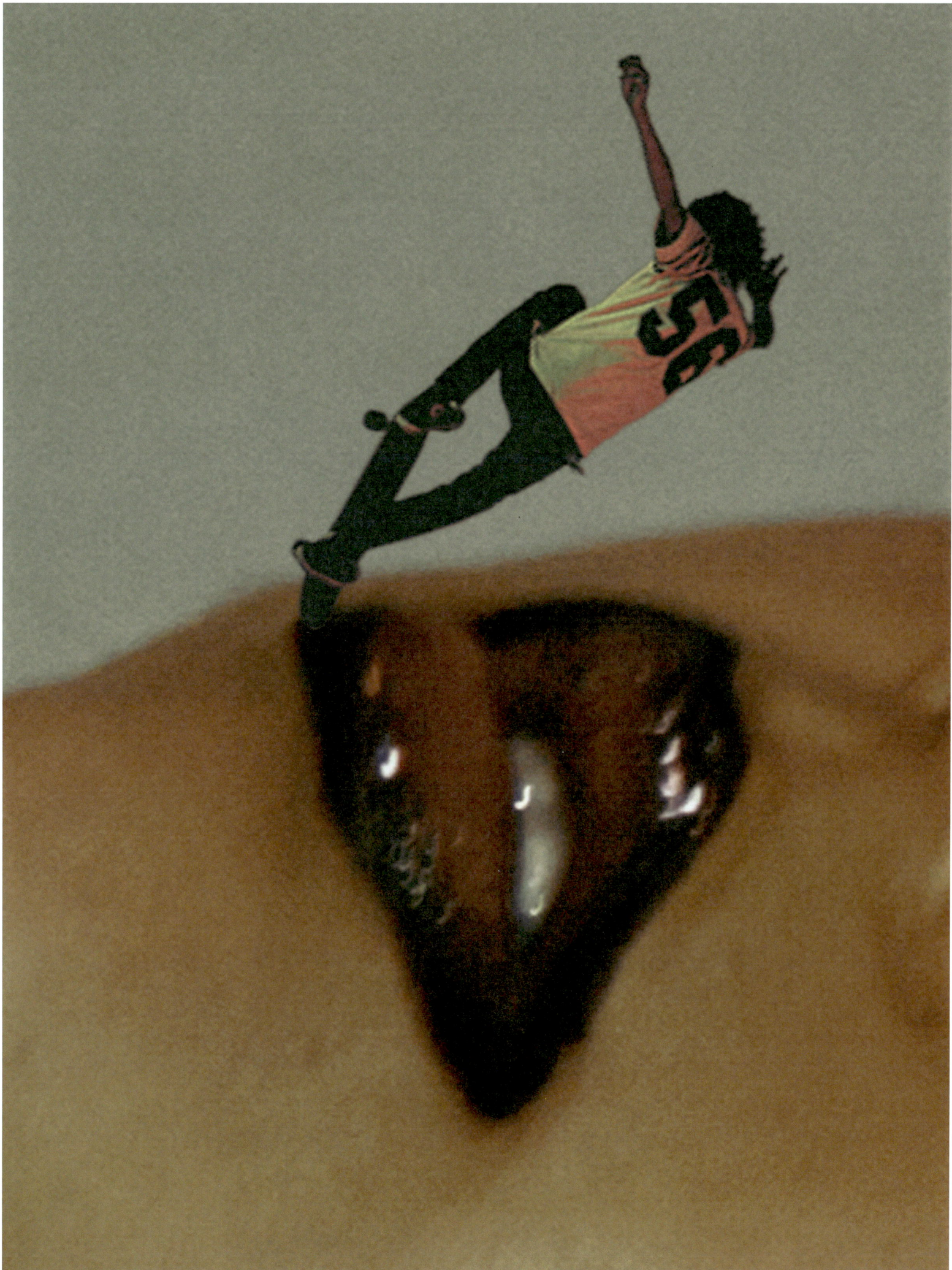

Supreme

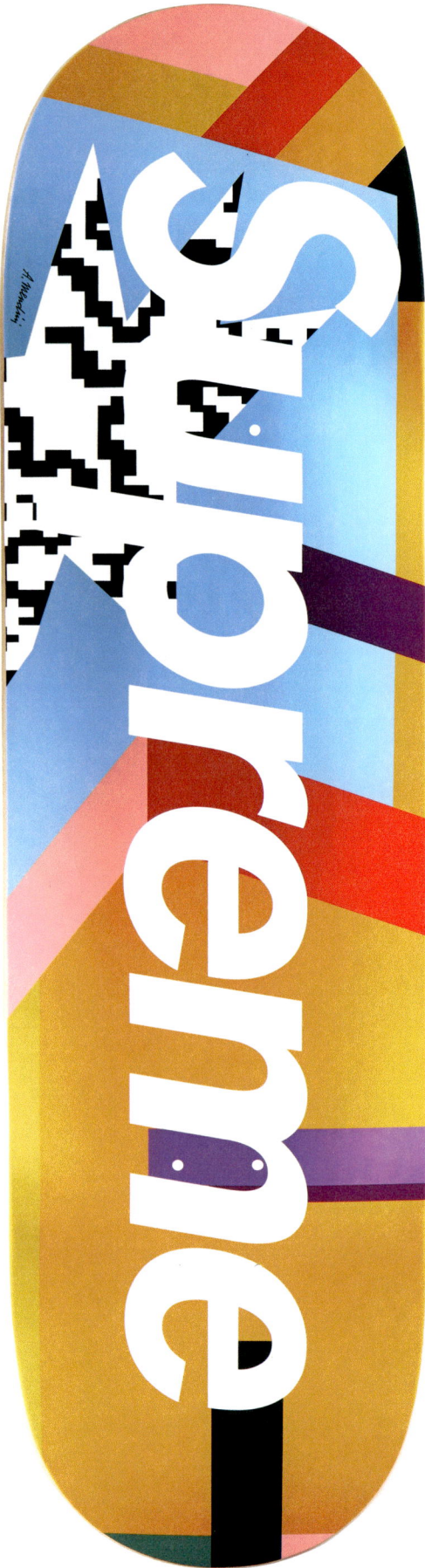

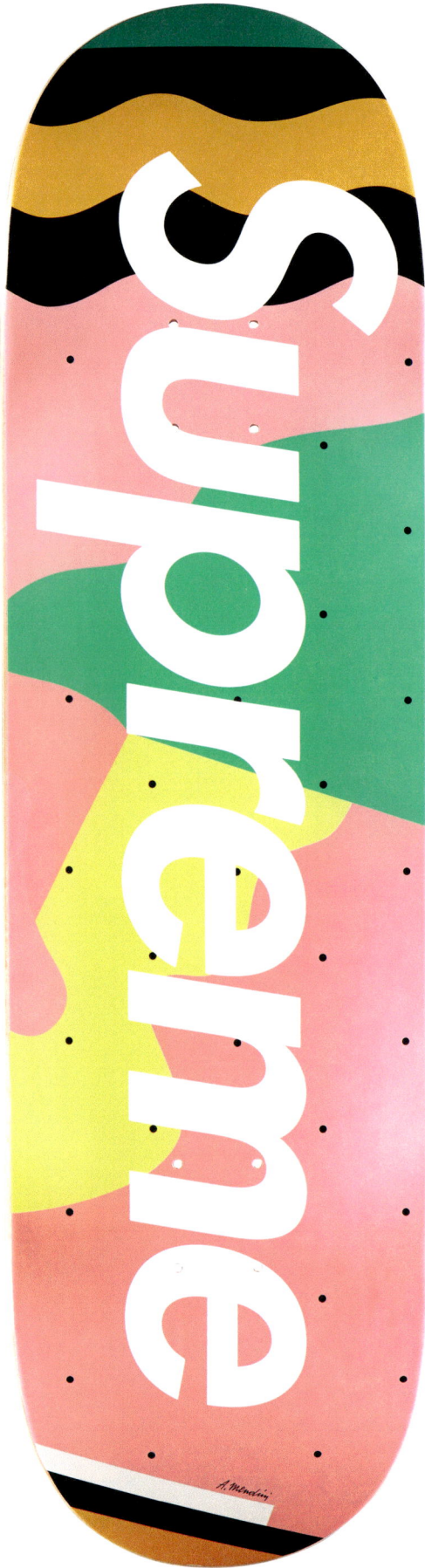

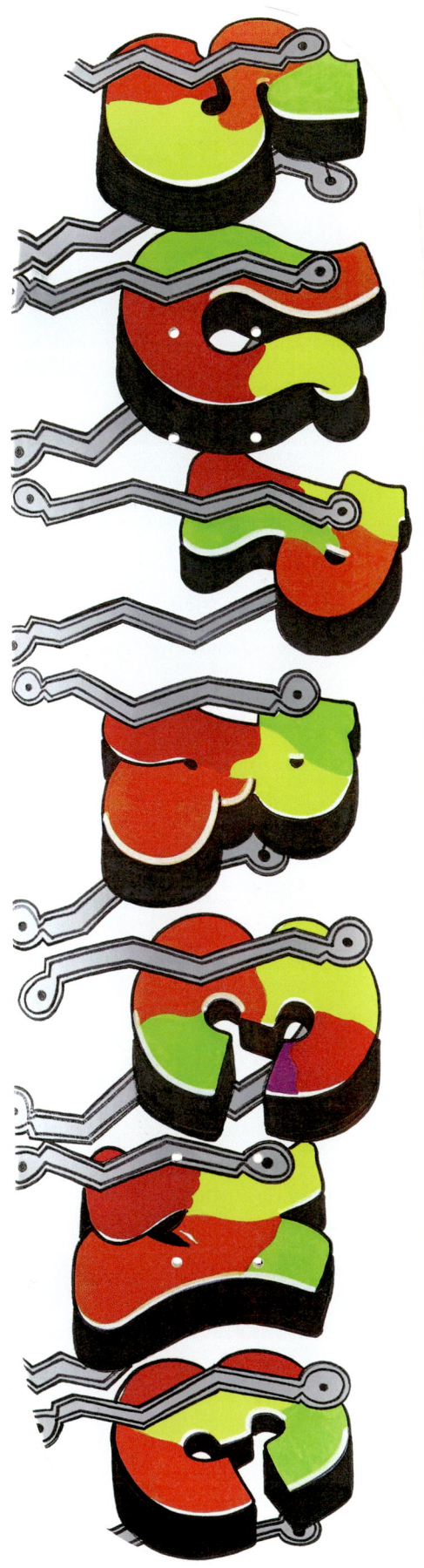

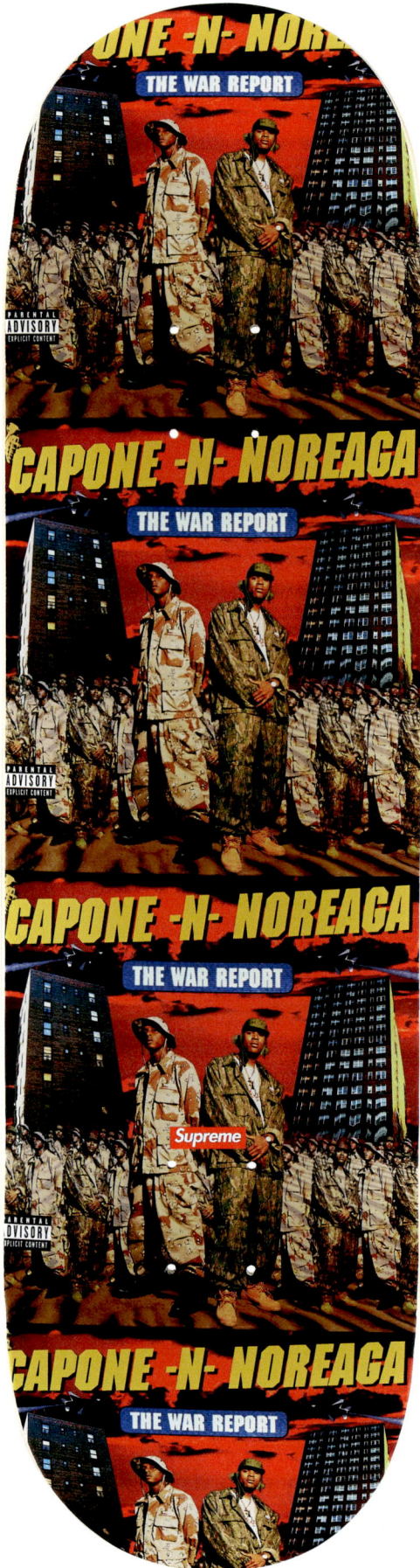

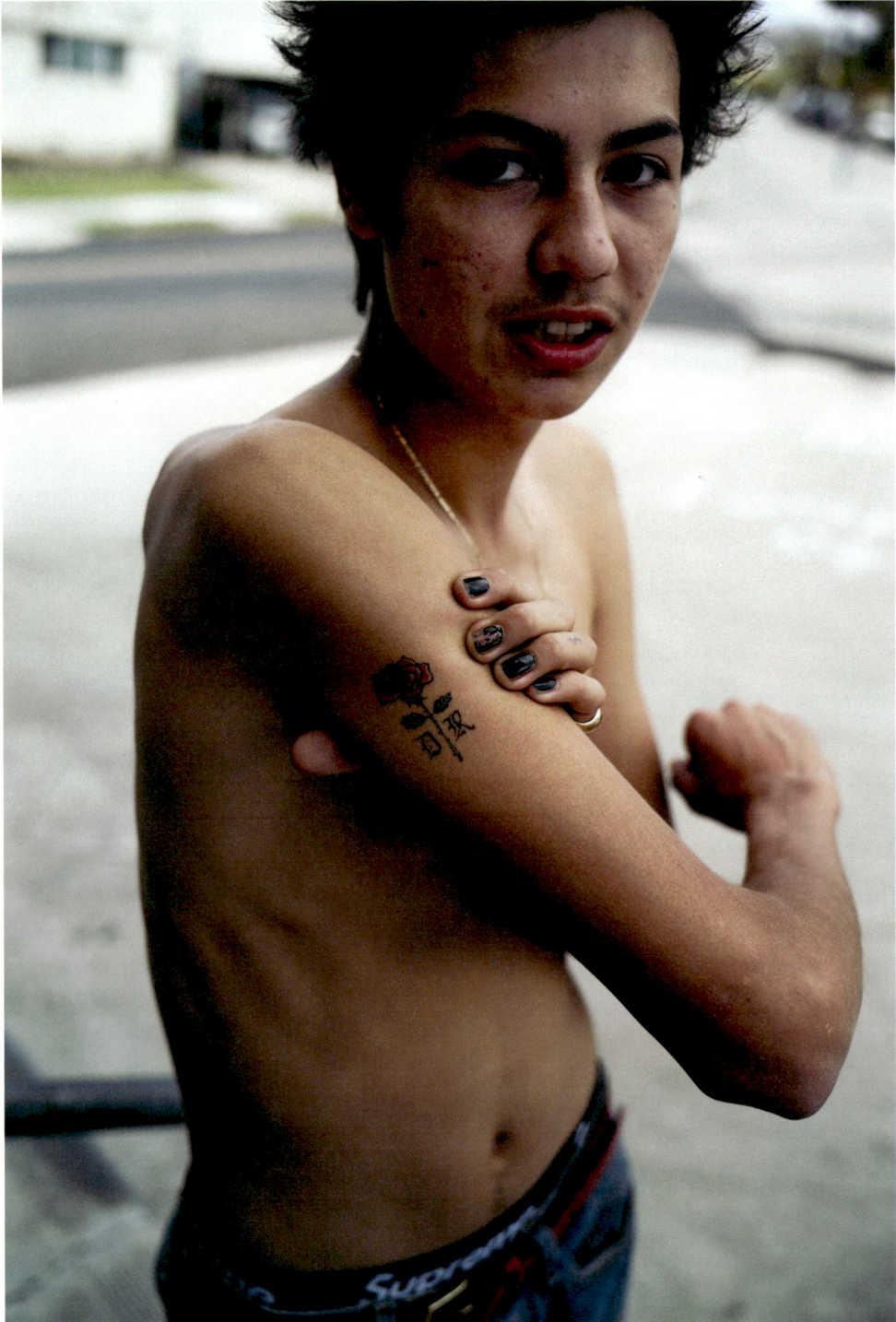

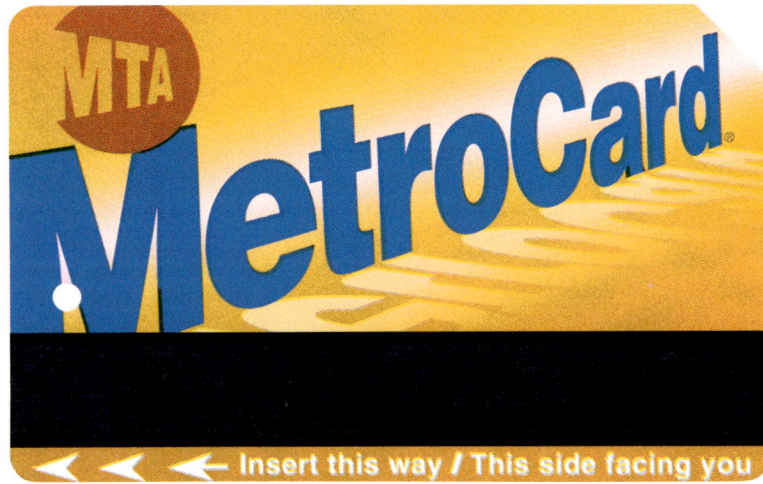

Subject to applicable tariffs and conditions of use.

EXPIRES        03/31/18
2803864727    25568073

For MetroCard Customer Service, call 511 or go to eFIX at mta.info

MTA
MetroCard®
M1284

Supreme

195

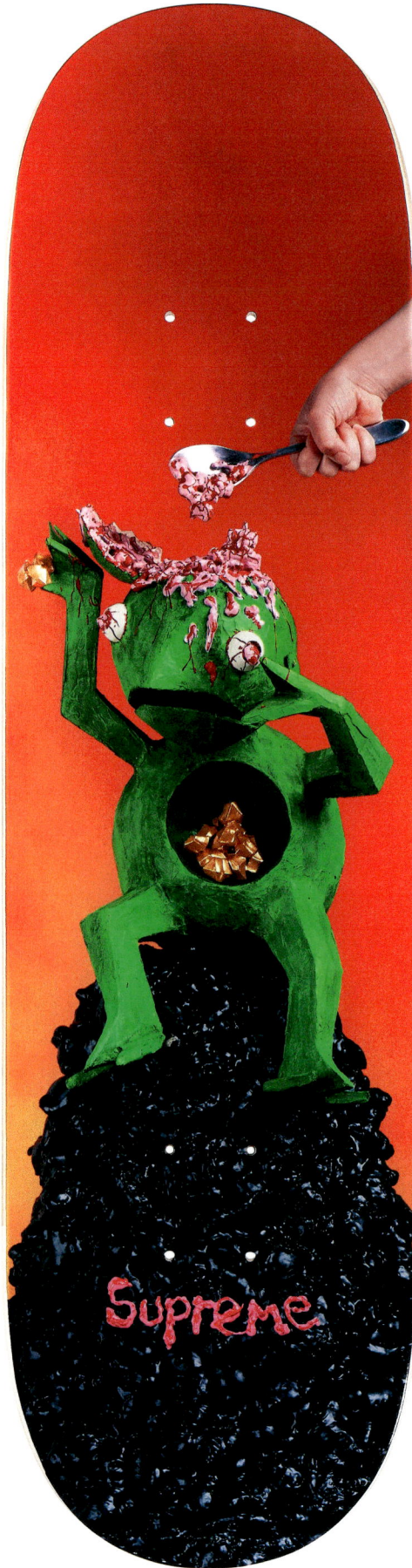

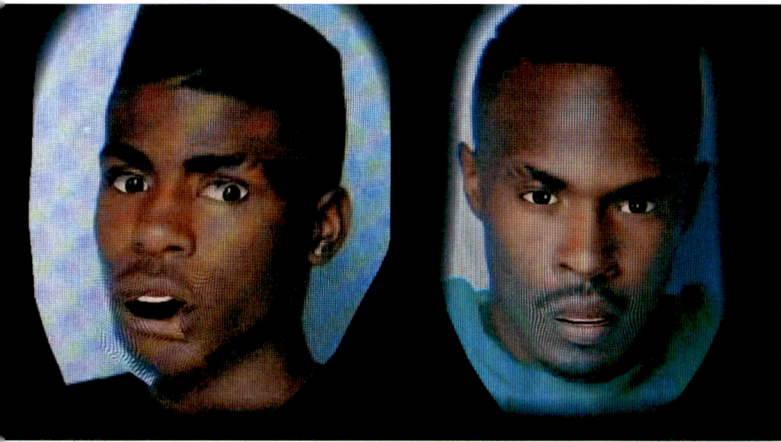

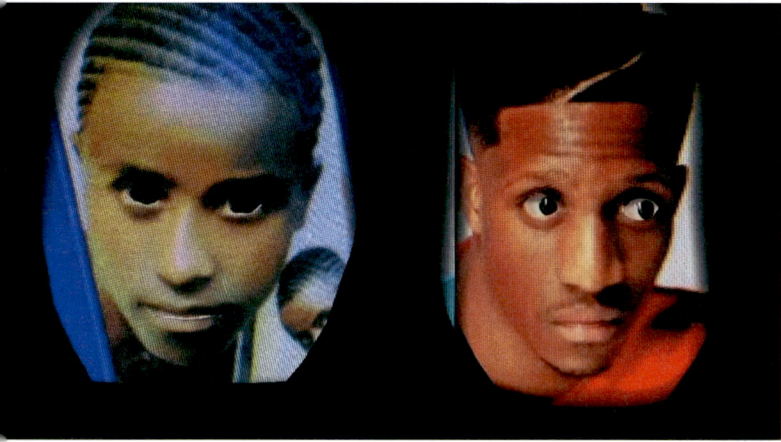

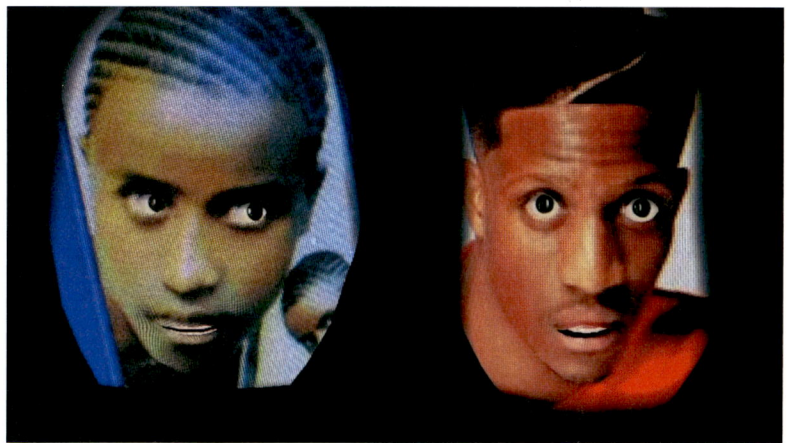

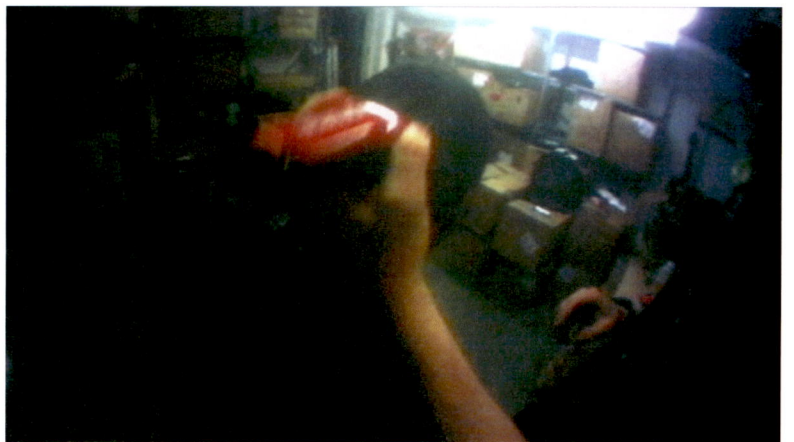

213

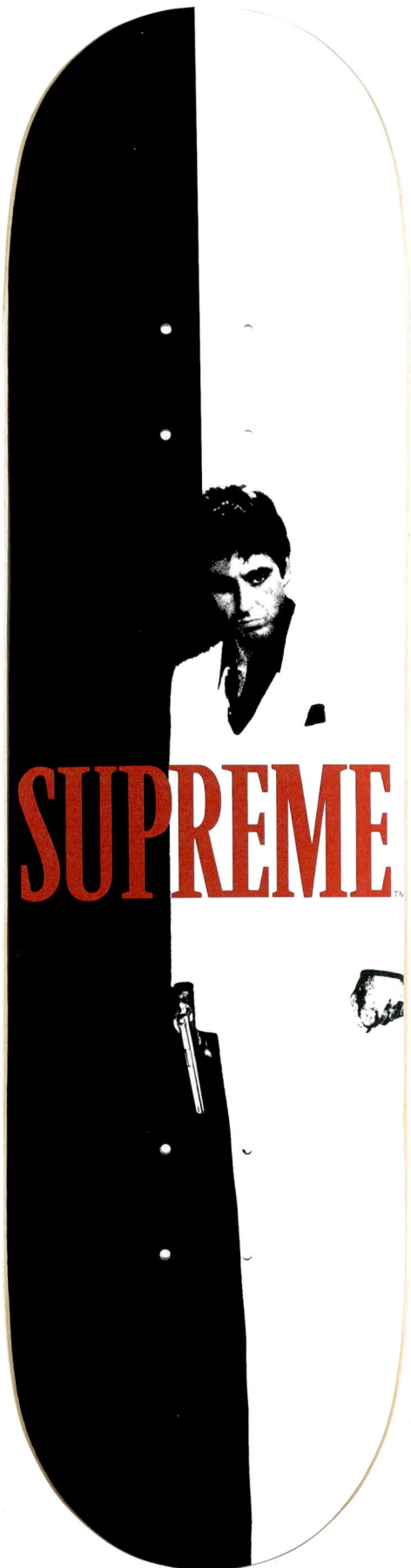

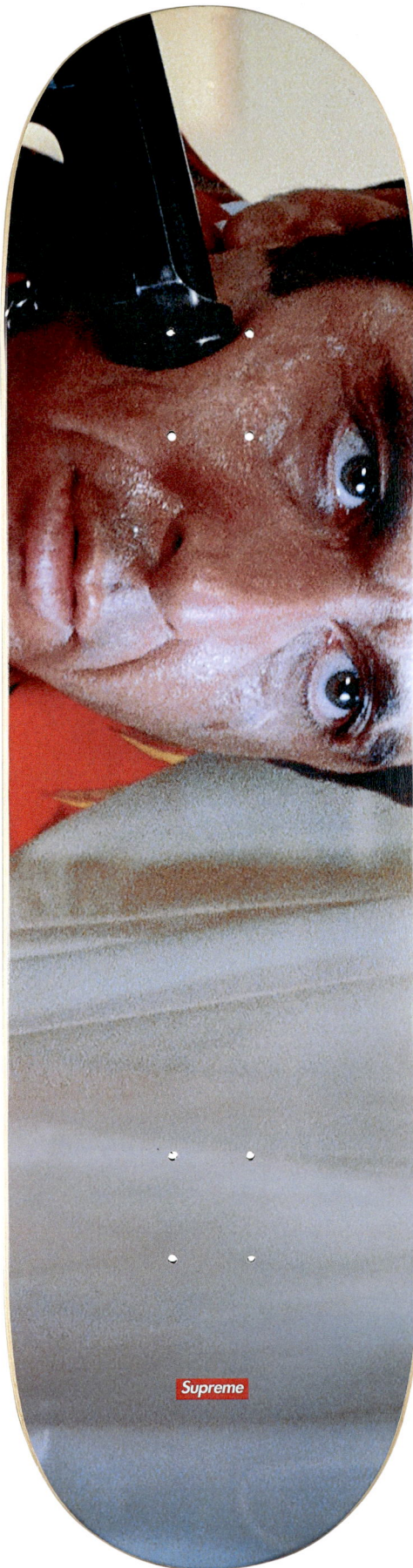

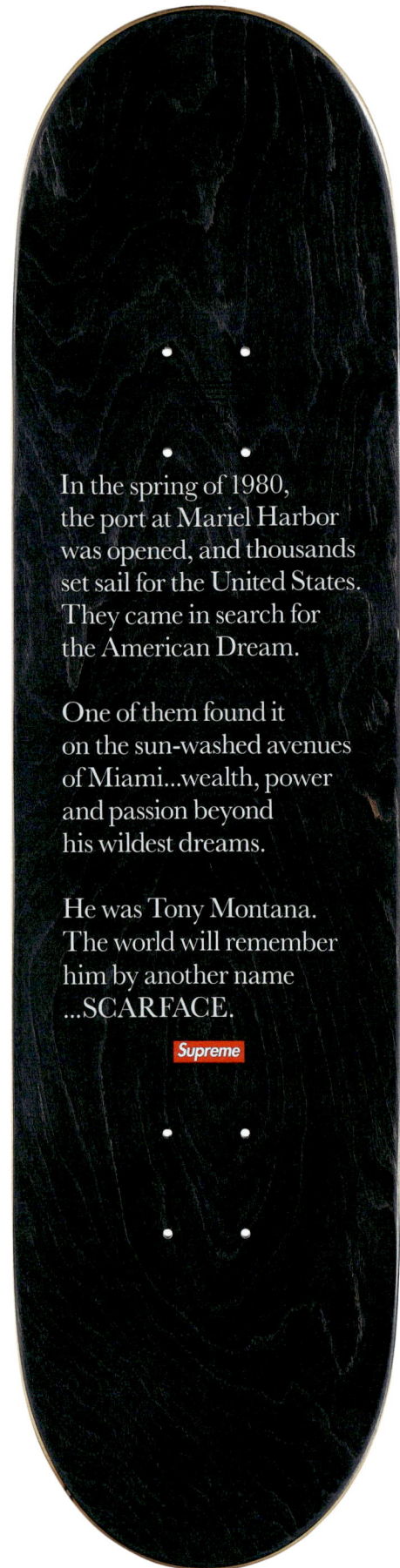

In the spring of 1980,
the port at Mariel Harbor
was opened, and thousands
set sail for the United States.
They came in search for
the American Dream.

One of them found it
on the sun-washed avenues
of Miami...wealth, power
and passion beyond
his wildest dreams.

He was Tony Montana.
The world will remember
him by another name
...SCARFACE.

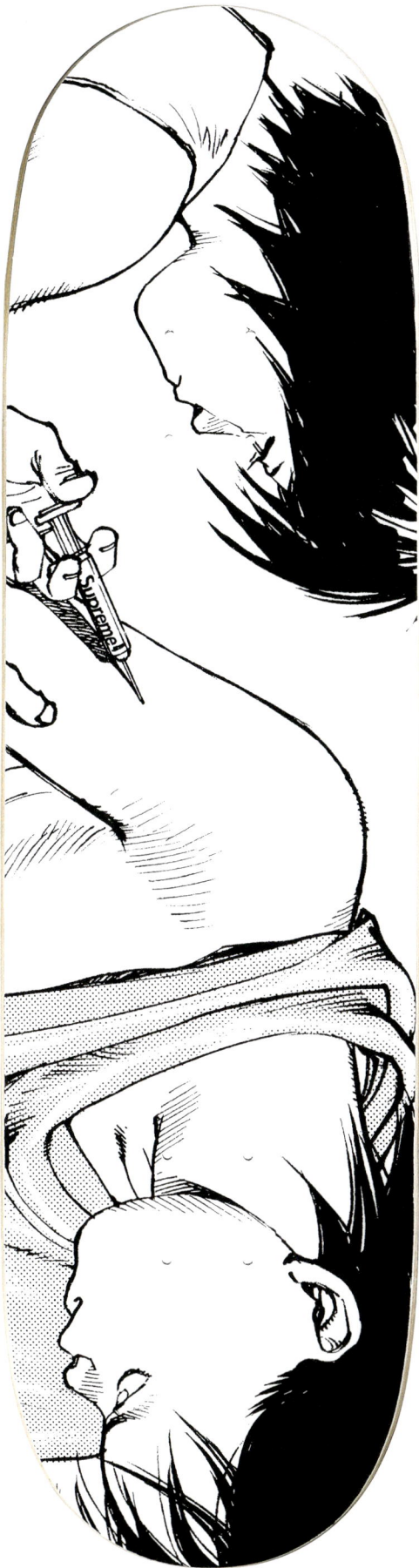

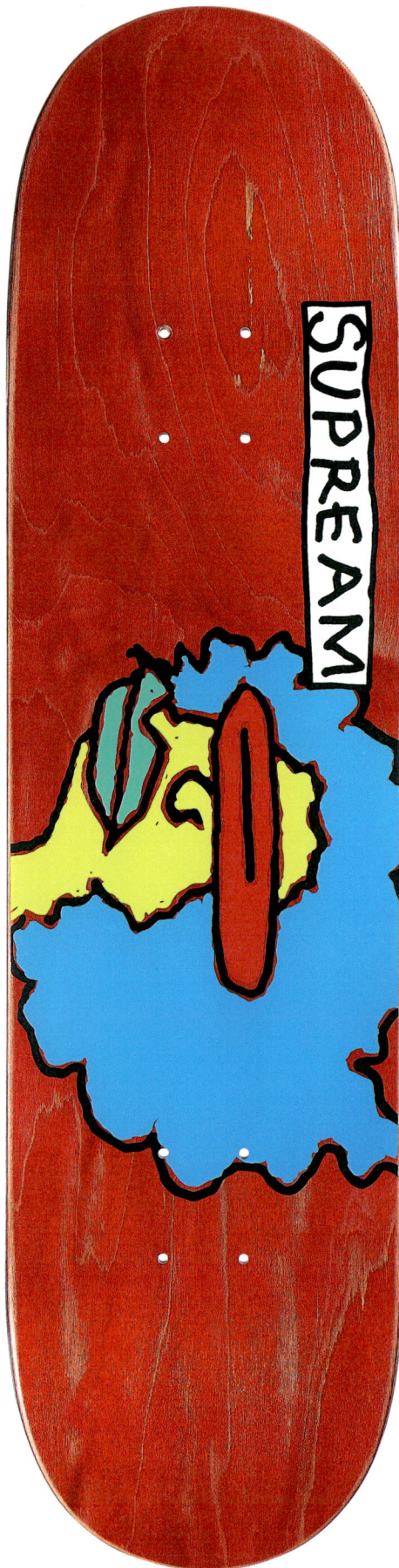

Supreme

223

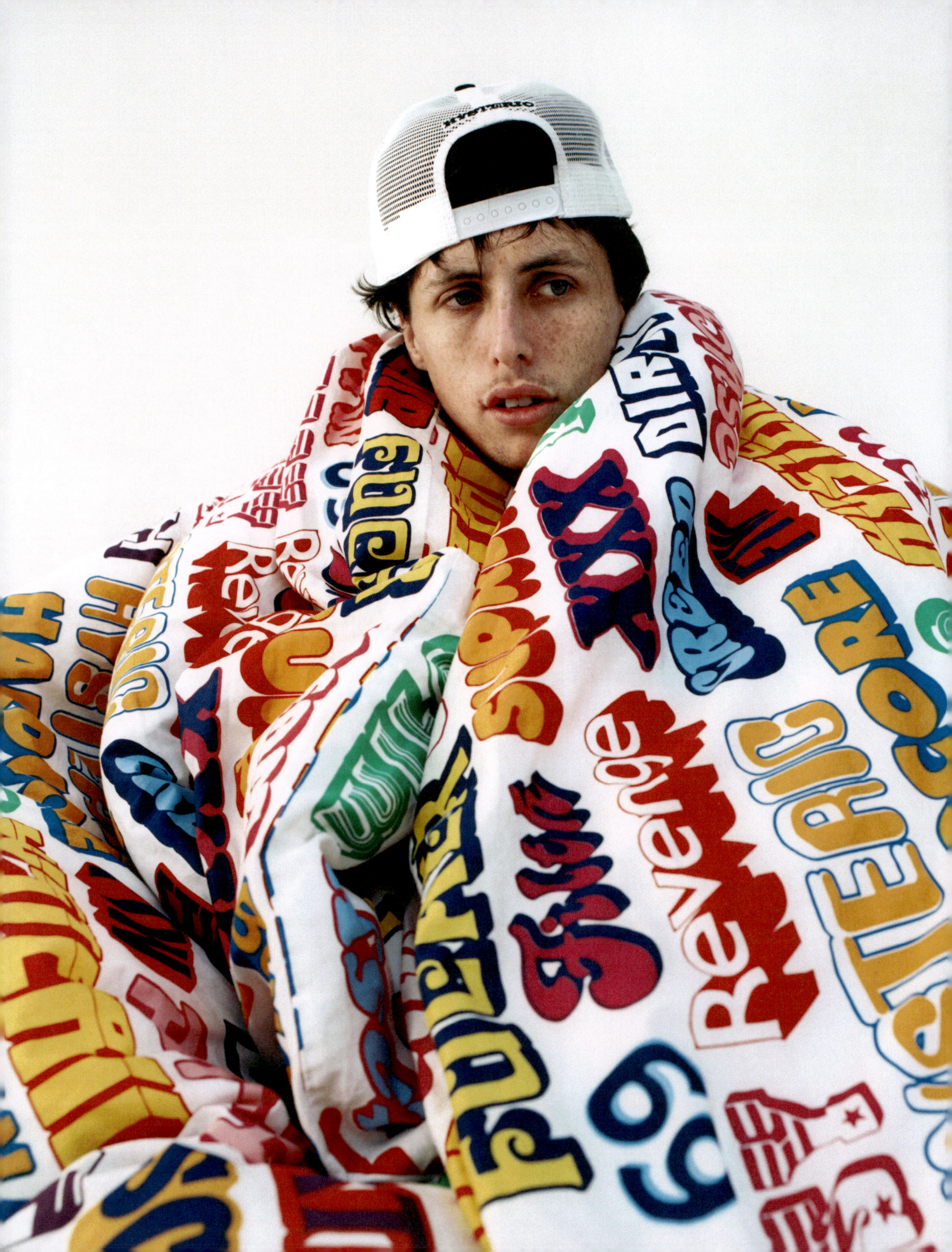
Revenge

Supreme
NYC
SUPREME 16
YOU STILL SUCK
HERO
CHILDREN OF THIS WORLD
ANARCHY
SUPREME SPORT
MAXIMUM STRENGTH
Supreme new york
MAKES EVERYTHING SHINE
WORLD FAMOUS
Too DRUNK to FUCK
SKATEBOARDS
KING ALPHA QUEEN OMEGA
A LOVE SUPREME
FEAR OF A BLACK PLANET
"INSTANT PUSSY"
SUPREME
MR. CLOUDY HE'LL PISS ALL OVER YOUR PARADE!
HORACE ANDY
DANCE HALL STYLE
I HATE THIS SHIT!
UNDER SHE WROTE
SupReme
Gucci!
LES JEUNES S'AGITENT PROGRESSIVEMENT
THE YOUTH ARE GETTING RESTLESS
LA JUVENTUD ESTA INQUIETA
جوانان بی‌قرارند
МОЛОДЕЖЬ СТАНОВИТСЯ БЕСПОКОЙНОЙ
...u We Do What We Want

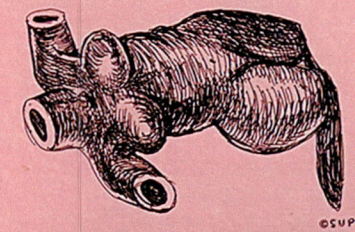

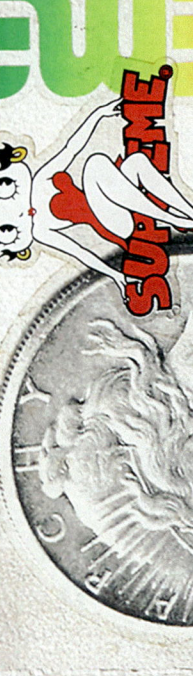

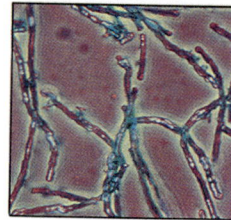
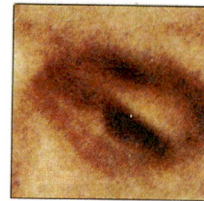
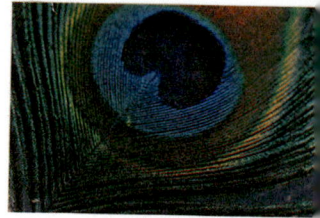

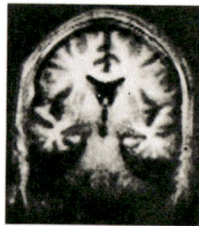

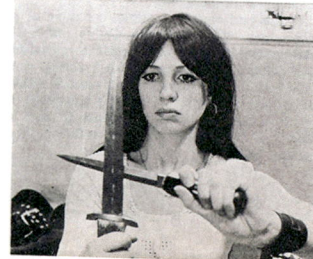
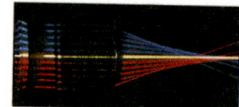

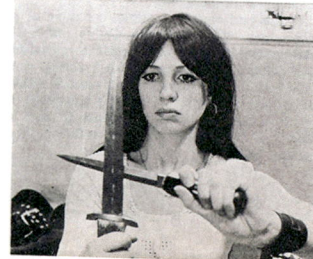

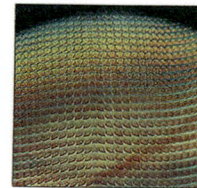

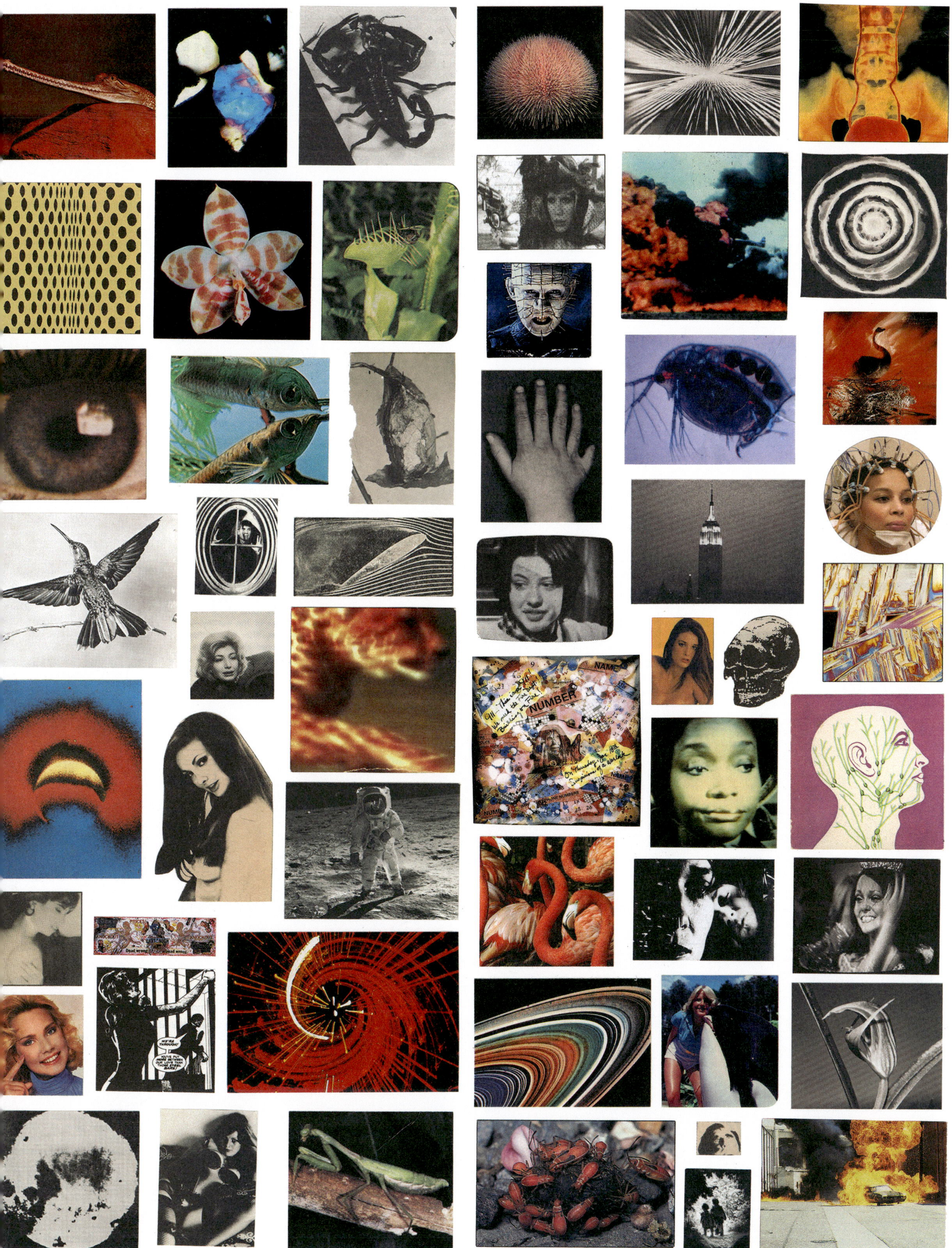
NUMBER
PRICES!
KNOCKOUT
LAST LAUGH
WE'RE THROUGH!
YOU'VE PUT MORE BETWEEN OUR LOVE THAN THOSE STEEL BARS!

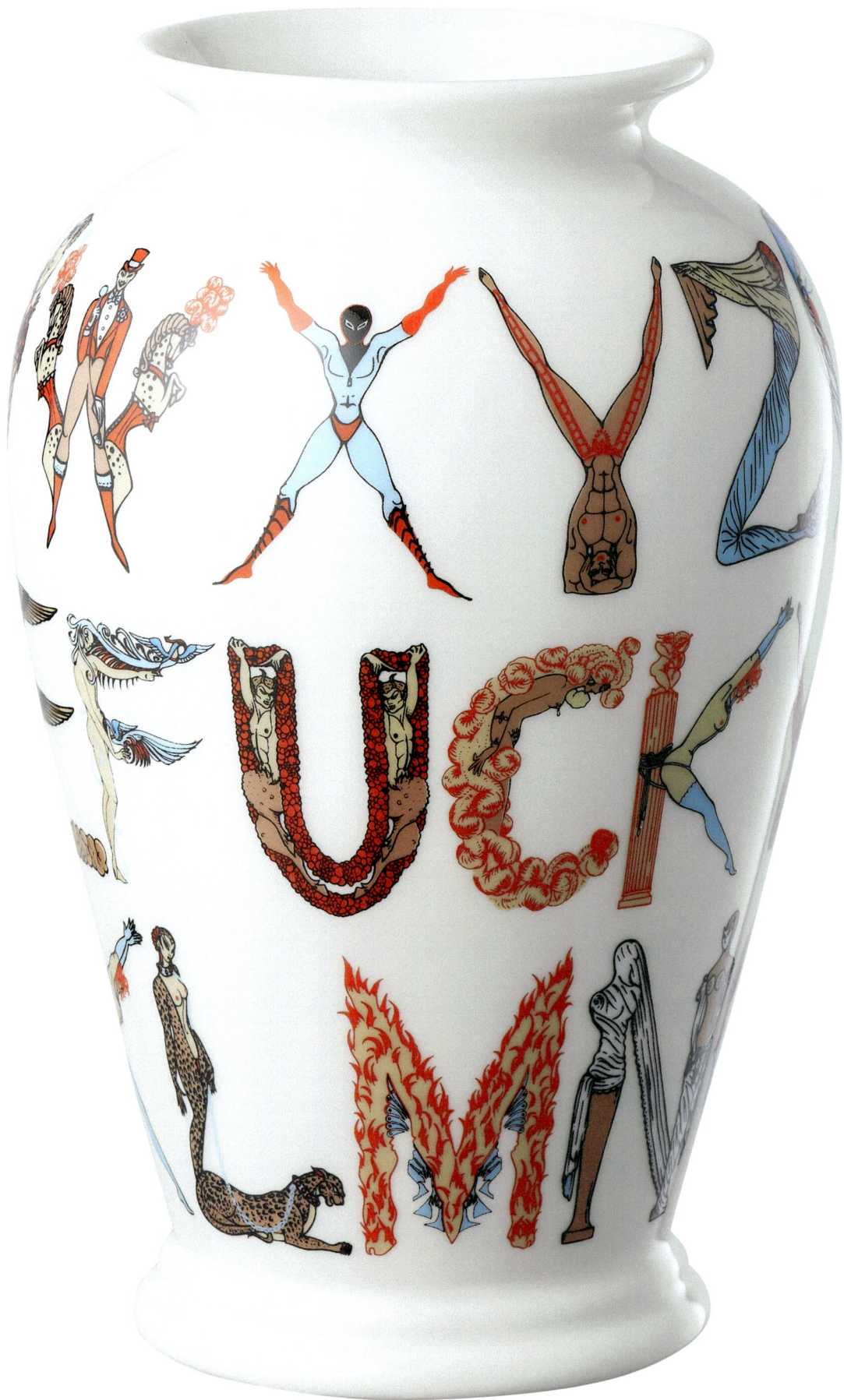

## POPPY
*Papaver rhoeas*

**Supreme**

NET WT. 300 MG

**ANNUAL FULL SUN**
Blooms in late spring to summer
12"–14" tall

———————————

**HEIRLOOM**
The world's most popular
ornamental poppy.
A symbol of wartime sacrifice,
grown for its striking beauty
and remembrance.

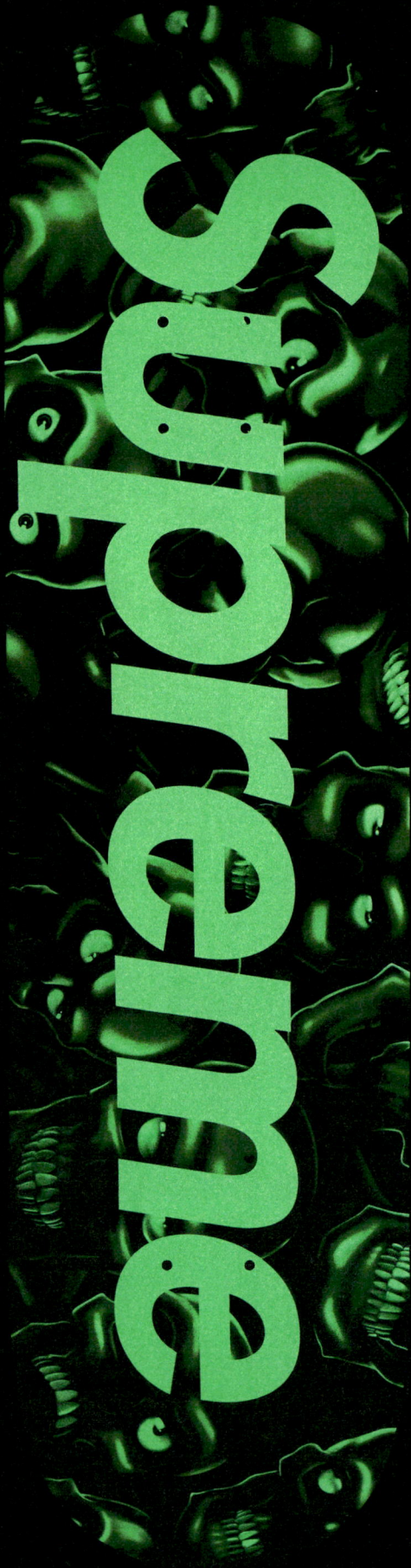

Supreme
Supreme
INSTRUCTIONS
BONUS IN THOUSANDS
LIGHT ALL 7 LUCKY STARS TO ADVANCE BONUS MULTIPLIER
2X
3X
5X
25¢=
×1
$1.00=
×5

business
s controls
America.
illegal b
business
controls
s Americ
illegal bu
usiness
controls
nerica.

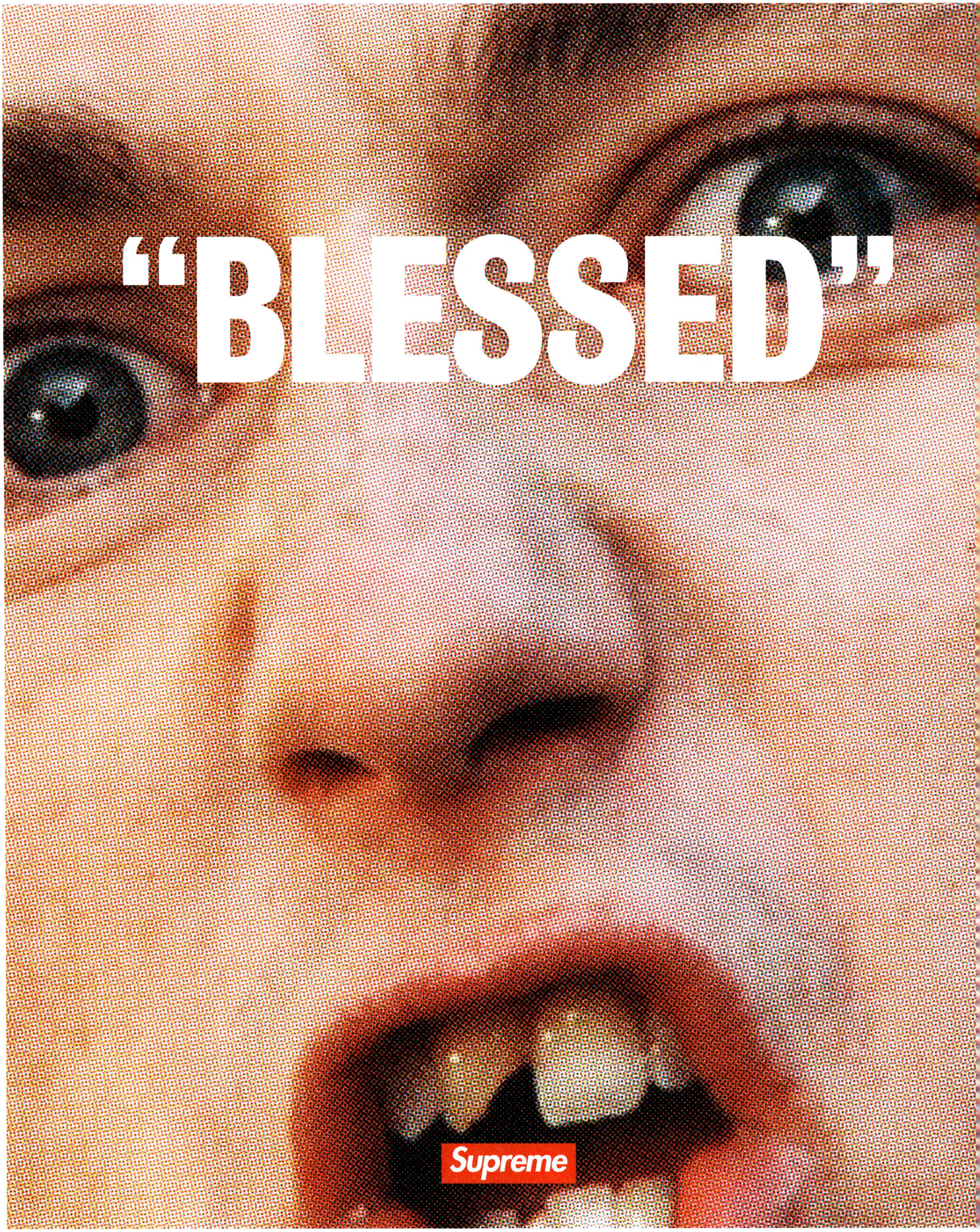
"BLESSED"
Supreme

# "BLESSED"

A VIDEO BY
**WILLIAM STROBECK**

**Supreme**

JAN 2019 Thrashermagazine.com
$4.99 US & CANADA

01>

0  71658 03029  9

284

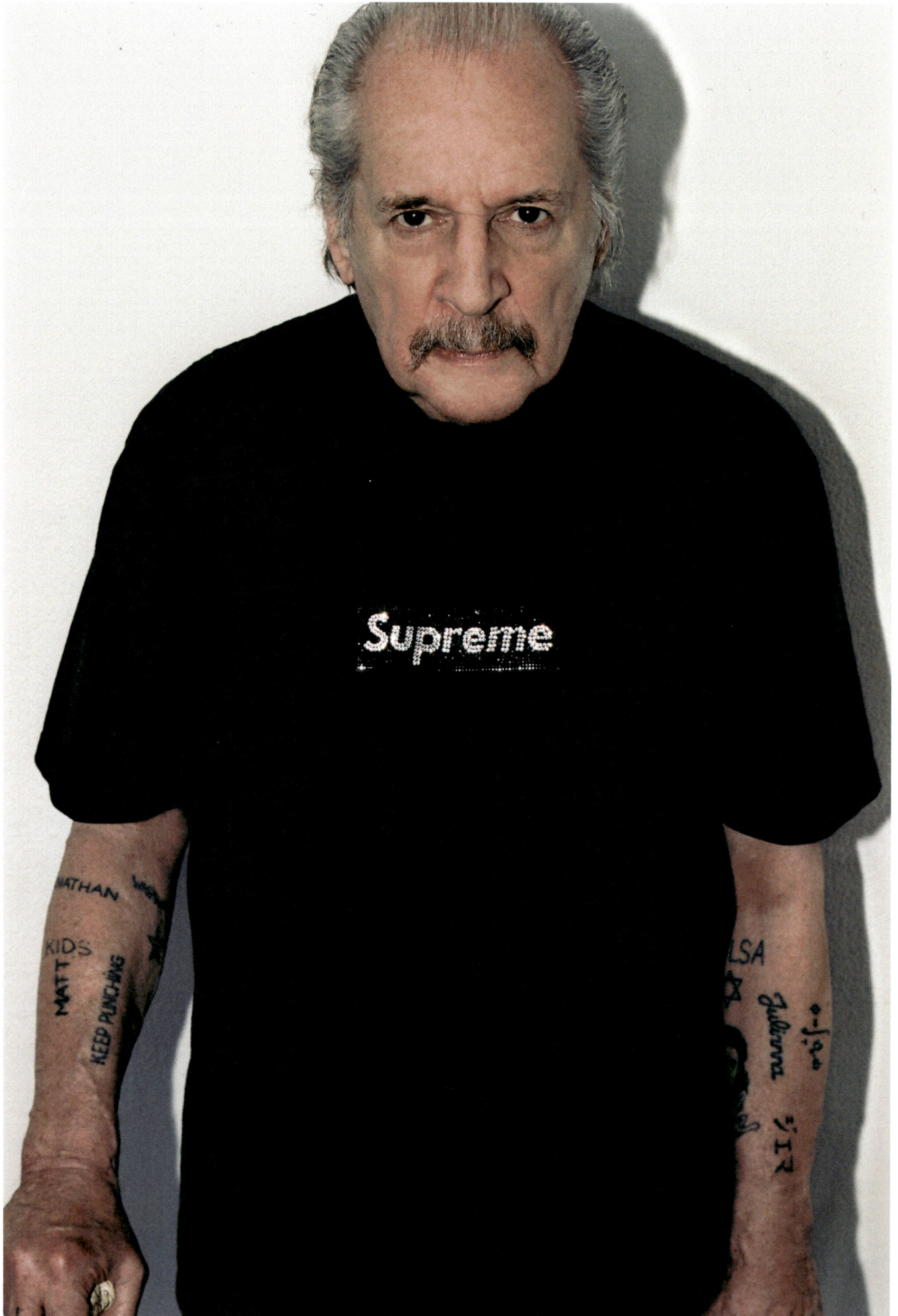

295

301

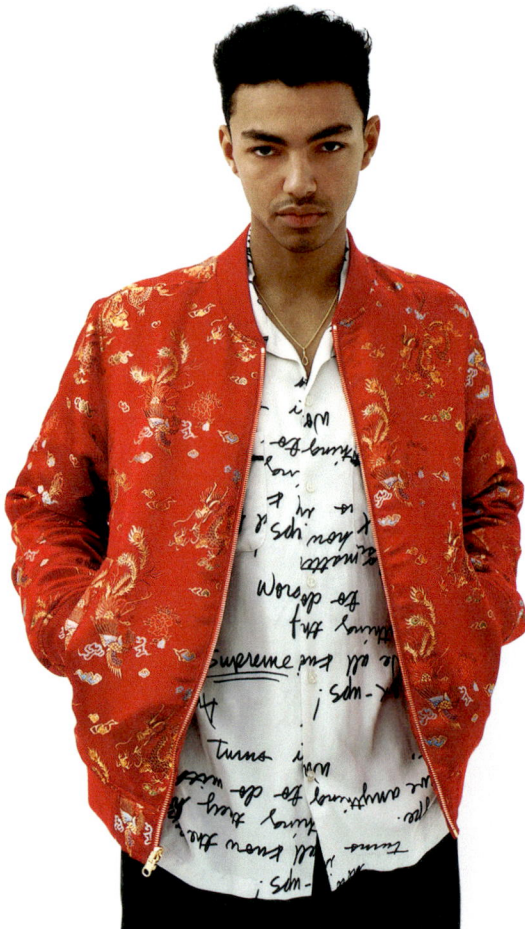

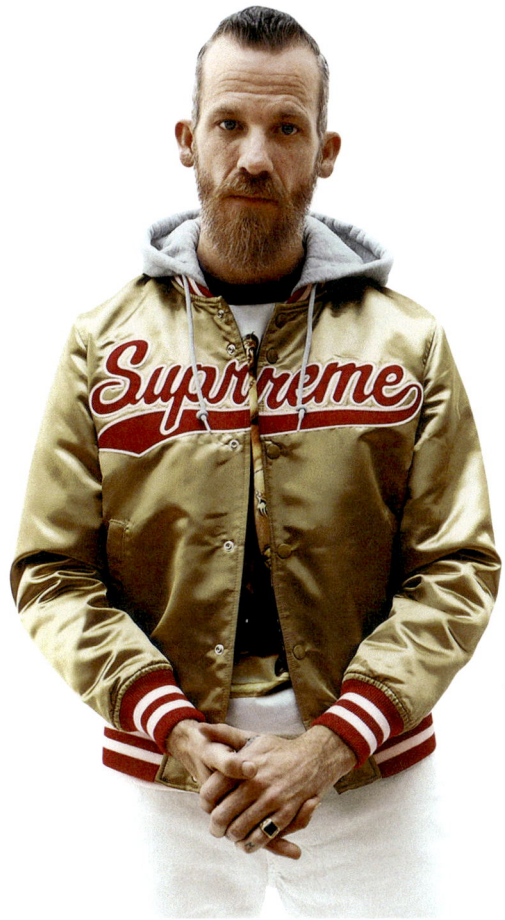

313

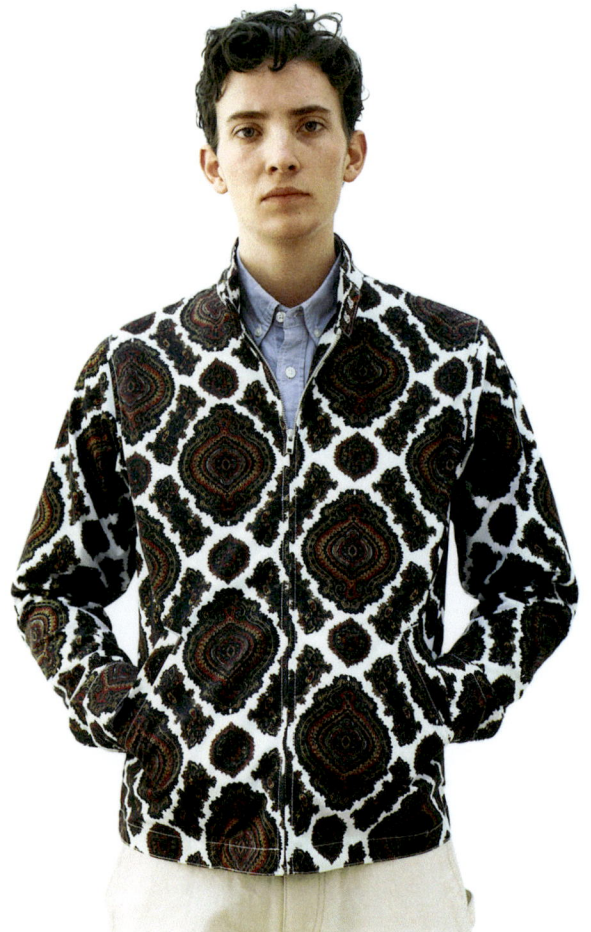

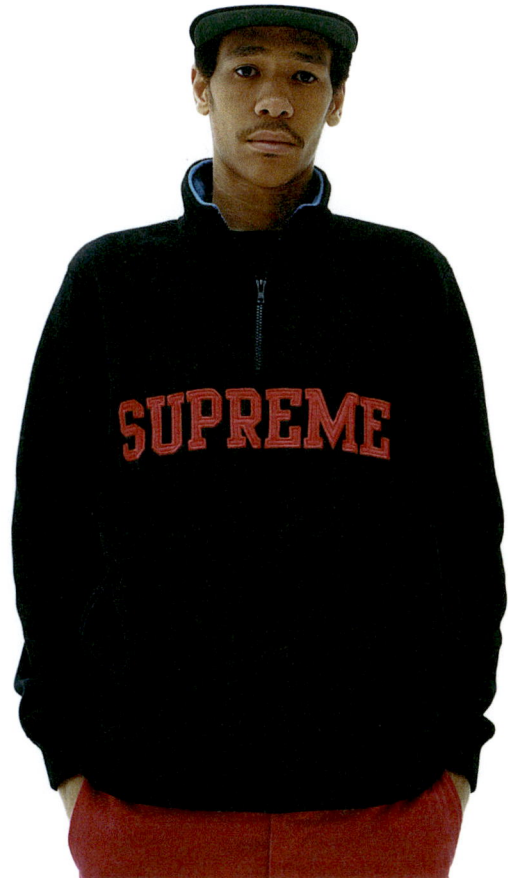

319

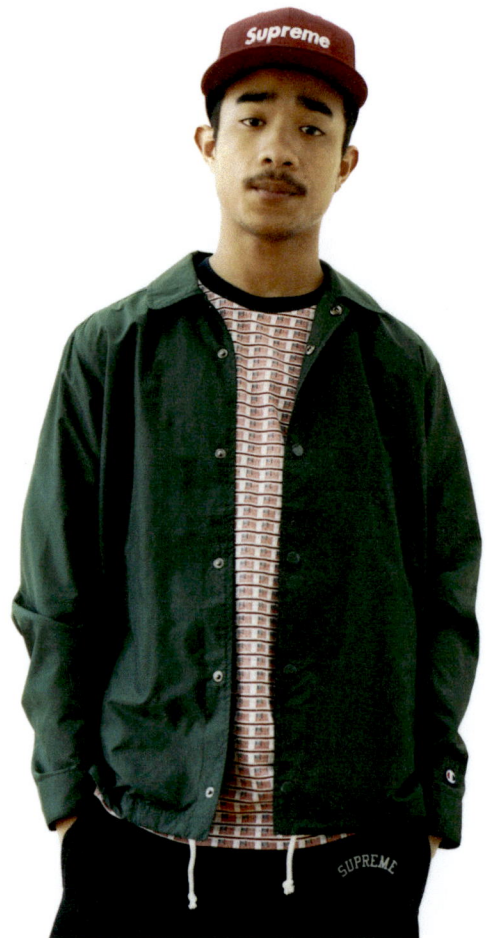

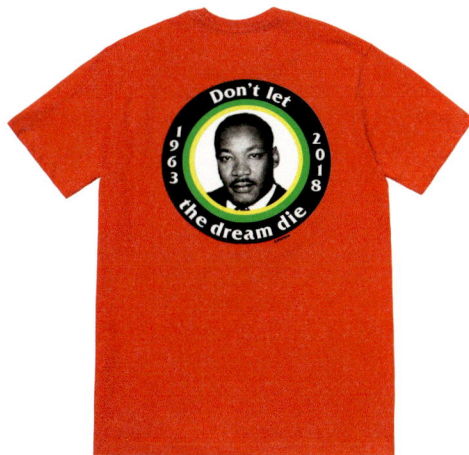

**FW17**

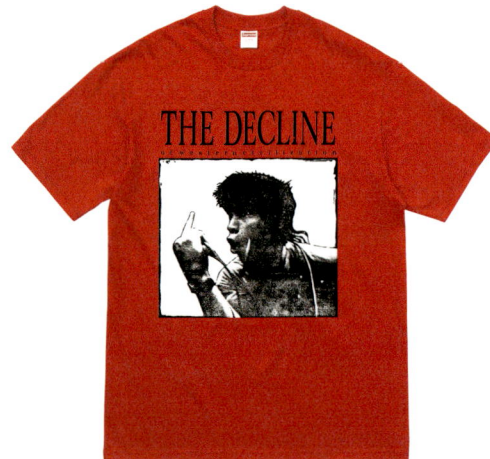
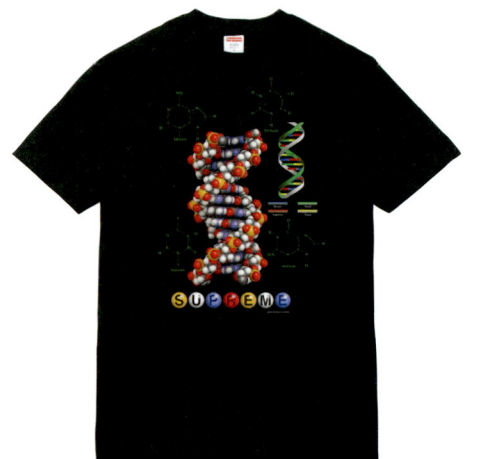

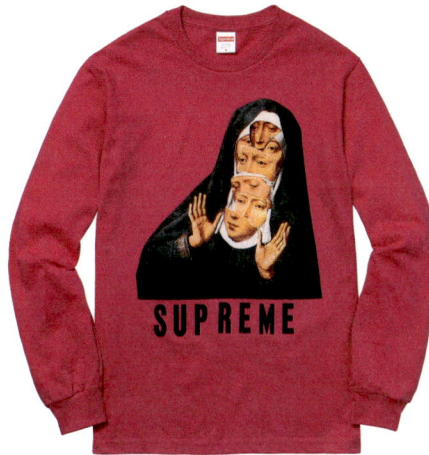

**SS16**

**FW15**

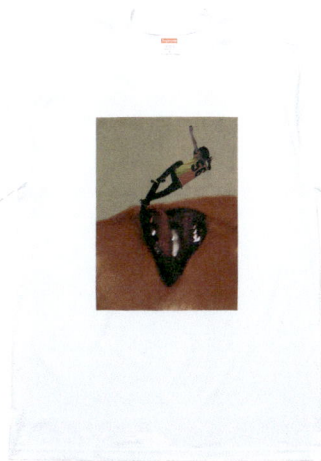

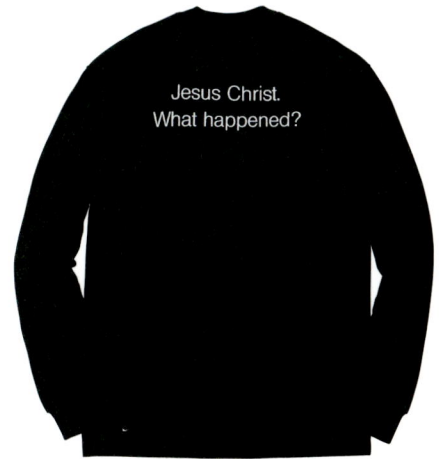

**SS14**

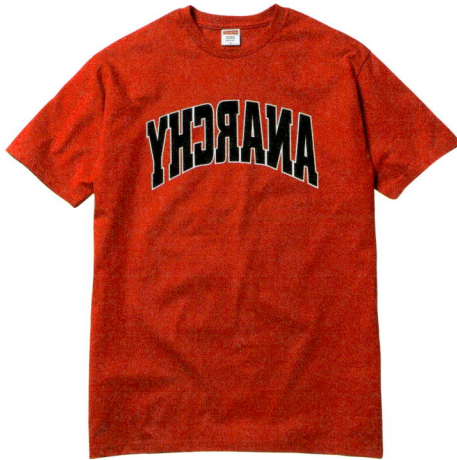

SS13

**FW12**

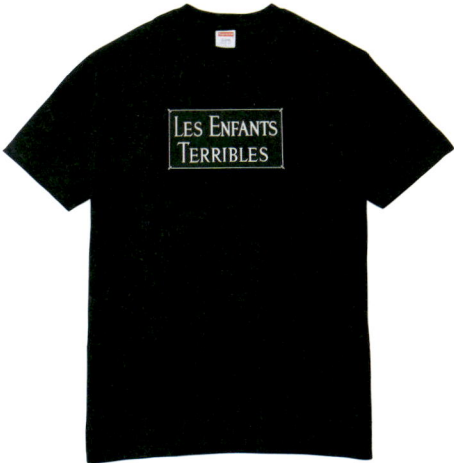

343

**FW11**

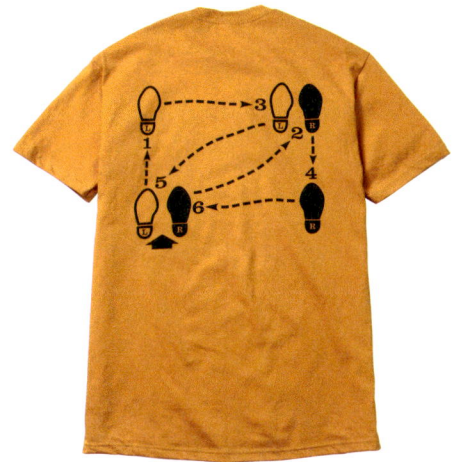

**SS11**

**FW10**

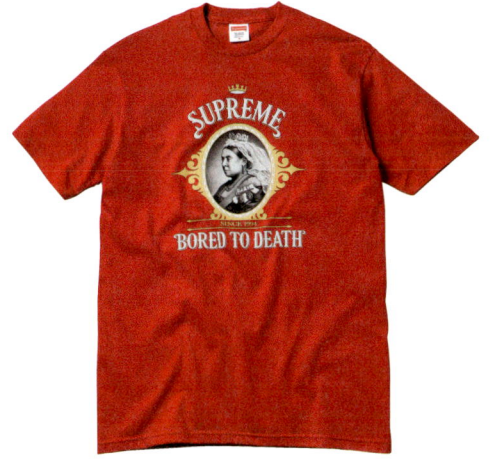

**SS10**

349

# CREDITS

JACKET: Na-kel Smith and Tyshawn Jones by William Strobeck, NYC, 2013 **Page 3:** Javier Núñez at Supreme store by Larry Clark, Lafayette Street, NYC, 1994 **8–9:** Astor Place by High, 1995 and Mike Gigliotti, 2009 **11:** Top: Supreme crew by Ari Marcopoulos, NYC, 1997. Bottom: Supreme crew by Ben Colen, LA, 2013 **12:** Gio Estevez by Sammy Glucksman, NYC, 1998 **13:** Young LA crew by William Strobeck, LA, 2012 **14–15:** Top: AVE and Dill by Joe Castrucci, 2002. Bottom: Mike and Jeff by Sammy Glucksman, 1998. Left: Justin Pierce by Sue Kwon, 1999. Right: Peter Bici by Sammy Glucksman, 1999 **17:** Crew at Supreme, NYC, by Sue Kwon 1996 **18–19:** Mark Gonzales by Jared Sherbert, NYC, 2017 **20–21:** Supreme mini ramp by John Roman and Mike Gigliotti, NYC, 2009 **22:** Top: Akira and Ken in front of Supreme by Aaron Bondaroff, NYC, 1999. Bottom: Supreme crew by Sammy Glucksman, NYC, 1998 **23:** Nan Goldin skateboard decks, 2018 **24–25:** Andres Serrano skateboard decks. Aidan Mackey by William Strobeck, 2017 **26:** Tyshawn Jones at République by Alex Pires, Paris, 2017 **27:** Cindy Sherman skateboard decks, 2017 **28–29:** Dash Snow skateboard decks, 2016. Steven Cales and Dash Snow by Ryan McGinley, NYC, 2005 **30:** Urs Fischer skateboard decks, 2016 **31:** Mark Flood skateboard decks, 2014 **32–33:** Raymond Pettibon skateboard decks, 2014. From *A New Wave of Violence*, 1982 **34–35:** The Chapman Brothers skateboard decks, 2012 **36:** Harmony Korine skateboard decks, 2011 **37:** Robert Longo skateboard decks, 2011 **38:** John Baldessari skateboard decks, 2010 **39:** By Kenneth Cappello, 2010 **40–42:** Mike Kelley skateboard decks, 2018 **43:** Genesis Evans by Sandy Kim, LA, 2018 **44–45:** John Lydon by Shaniqwa Jarvis. Cover of Supreme book Vol. 6, 2010 **46:** Spread from Supreme book Vol. 6 by Larry Clark, 2010 **48:** By Alasdair McLellan from Supreme book Vol. 6, 2010 **49:** Out filming for "cherry" by Jonathan Mehring, NYC, 2012 **50:** Water Pistol, 2011 **51:** Supreme team by William Strobeck, NYC, 2014 **52–53:** Aerial video by Ben Solomon, 2011 **54–55:** Lady Gaga by Terry Richardson, NYC, 2011 **56–59:** Supreme team by Chris Shonting, LA, 2013 **58:** Top: Javier Núñez and Ty Lyons by Mike Gigliotti, 2005 **60–61:** By Peter Sutherland, 2011 **62–63:** By Tyrone Lebon, London, 2011 **64:** Supreme®/Comme des Garçons SHIRT® by Ari Marcopoulos, 2012 **65:** Supreme®/Comme des Garçons SHIRT® by Tyrone Lebon, London, 2012 **66:** Origin Mug, 2012 **67:** By Ari Marcopoulos, 2012 **68–69:** Kate Moss by Alasdair McLellan, London, 2012 **70:** By Kenneth Cappello, 2012 **71:** By Angelo Pennetta, 2012 **72:** Supreme®/Comme des Garçons SHIRT® by Ari Marcopoulos, NYC, 2012 **73:** By William Strobeck, LA, 2013 **74:** Skate Tool, 2013 **75:** Tyshawn Jones outside of Supreme by Ari Marcopoulos, NYC, 2012 **76:** Supreme/The Misfits® by Chris Shonting, LA, 2013 **77:** By Ari Marcopoulos, NYC, 2013 **78:** Power, Corruption, Lies skateboard deck, 2013 **79:** Blondey McCoy by Alasdair McLellan, London, 2013 **80–81:** By Peter Sutherland **82:** Stax Records®/Supreme Black Moses Tee, 2012 **83:** Stash Book, 2013 **84:** By William Strobeck, NYC, 2013 **85:** Supreme®/The North Face® by Tyrone Lebon, 2013 **86–87:** Shane MacGowan by Shaniqwa Jarvis, 2013 **88:** Supreme®/Comme des Garçons SHIRT® by Ari Marcopoulos, NYC, 2013 **89:** By Terry Richardson, 2013 **90:** Nunchucks video by Jake Davis, 2010 **91:** Flags skateboard deck and Bruce Lee skateboard deck, 2013 **92:** Un American Tee, 2014 **93:** i-D Magazine ad by William Strobeck, 2016 **94:** Supreme team by Atiba Jefferson, NYC, 2013 **95:** Alex Olson by Jonathan Mehring, NYC, 2013 **96–99:** "cherry", a video by William Strobeck for Supreme, 2014 **100:** Sage Elsesser by Ben Colen, LA, 2013 **101:** Supreme team by Ben Colen, LA, 2013 **102–103:** By Harmony Korine,

Nashville, 2014 **104:** Supreme 20th Anniversary Box Logo skateboard deck, 2014 **105:** Supreme®/Comme des Garçons SHIRT® by Ari Marcopoulos, 2014 **106:** By Chris Shonting, 2014 **107:** Sage Elsesser by Jonathan Mehring, 2013 **108–109:** Supreme®/ANTIHERO® skateboard decks. Andy Roy by Gabe Morford, SF, 2014 **110:** Supreme®/Stone Island® by Ari Marcopoulos, NYC, 2014 **111:** Supreme 20th Anniversary Taxi Driver skateboard deck, 2014 **112–113:** HR Giger skateboard decks. Na-kel Smith by William Strobeck, NYC, 2014 **114–115:** Supreme®/Nike® Air Foamposite 1, 2014 **116:** KRS-One Tee, 2014 **117:** Tyshawn Jones by Peter Sutherland, 2014 **118:** By Todd Cole, LA, 2014 **119:** By Gosha Rubchinskiy, Berlin, 2014 **120–121:** Supreme®/ The North Face® by Letty Schmiterlow, London, 2014 **122:** Supreme/Dead Kennedys® by Chris Shonting, LA, 2014 **123:** By Terry Richardson, 2014 **124–125:** Neil Young by Terry Richardson, 2015 **126:** Tyshawn Jones by Jared Sherbert, NYC, 2015 **127:** New York Yankees™/Supreme/'47 skateboard decks, 2015 **128:** KIDS 20th Anniversary skateboard decks, 2015 **129:** i-D Magazine ad by William Strobeck, 2016 **130:** By Eric Chakeen, 2015 **131:** Na-kel Smith and Javier Núñez by Ben Colen, LA, 2015 **132:** i-D Magazine 35th Anniversary issue; Supreme cover with Slick Rick, 2015 **133:** Supreme®/UNDERCOVER by Tyrone Lebon, London, 2015 **134:** Sean Pablo by Clare Shilland, Miami, 2015 **135:** i-D Magazine ad by William Strobeck, 2015 **136:** E.T.™ skateboard deck, 2015 **137:** Toshio Maeda for Supreme by William Strobeck, NYC, 2015 **138–139:** By Alasdair McLellan, London, 2015 and 2011 **140–141:** By William Strobeck, NYC, 2014 **142:** Supreme®/UNDERCOVER by Tyrone Lebon, London, 2015 **143:** Nas by Kenneth Cappello, LA, 2017 **144:** Pissed button, 2015 **145–146:** Supreme®/ Comme des Garçons SHIRT® by Tyrone Lebon, London, 2015 **147:** By Alec McLeish, London, 2015 **148:** Supreme/White Castle® by Magnus Unnar, 2015 **149:** By Terry Richardson, NYC, 2016 **150:** By Terry Richardson, NYC, 2015 **151:** By Ari Marcopoulos, NYC, 2015 **152–153:** Supreme®/The North Face® by Yanis Chabane, Paris, 2015 **154:** Michael Jordan by Terry Richardson, 2015 **155:** Supreme/Air Jordan 5, 2015 **156:** Supreme®/Spalding® Gonz Butterfly Basketball, 2016 **157:** Supreme®/Sasquatchfabrix. by Jiro Konami, Tokyo, 2016 **158–159:** By Terry Richardson, NYC, 2016 **160–161:** By David Sims, NYC, 2015 **162:** Supreme®/Levi's® by William Strobeck, NYC, 2016 **163:** Supreme®/Black Sabbath® by William Strobeck, NYC, 2016 **164:** By Sandy Kim, LA, 2017 **165:** By Atiba Jefferson, SF, 2018 **166:** By Rafael Rios, NYC, 2016 **167:** By William Strobeck, NYC, 2016 **168:** By Ari Marcopoulos, NYC, 2016 **169:** i-D Magazine ad by William Strobeck, Syracuse, 2016 **170–171:** Supreme®/The North Face® by Yanis Chabane, Paris, 2016 **172–173:** Nobuyoshi Araki for Supreme, 2017 **174–175:** Alessandro Mendini skateboard decks and ceramic tray, 2016 **176–177:** Supreme®/UNDERCOVER by Harley Weir, 2016 **178:** By Gosha Rubchinskiy, Moscow, 2016 **179:** Supreme®/ Aquascutum by Yanis Chabane, Paris, 2016 **180:** Supreme®/ The North Face® by Ari Marcopoulos, NYC, 2016 **181:** Blade Whole Car skateboard decks, 2016 **182–183:** The War Report skateboard deck. Capone-N-Noreaga by Ben Solomon, NYC, 2016 **184–185:** Dylan Rieder by Paul Roura, NYC, 2013 **186–187:** Sean Pablo and Dylan Rieder memorial by Ben Colen, LA, 2016 **188:** Supreme®/Rap-A-Lot Records Geto Boys Pillow, 2017 **189–90:** Supreme®/Comme des Garçons SHIRT® by Hanna Moon, NYC, 2017 **191:** M.C. Escher/Supreme by Peter Sutherland, NYC, 2017 **192:** By Sandy Kim, LA, 2017 **193:** By Hanna Moon, Rome, 2017 **194:** MTA MetroCard, 2017

**195:** Supreme®/The North Face® by Ari Marcopoulos, NYC, 2017 **196–197:** Mike Hill for Supreme skateboard decks, 2017 **198:** By Sandy Kim, 2017 **199:** Jim Krantz for Supreme, 2017 **200–201:** Louis Vuitton/Supreme Malle Courrier 90 Trunk. Supreme team by Terry Richardson, NYC, 2017 **202–203:** By Terry Richardson, NYC, 2017 **204–205:** Supreme®/Nike Air More Uptempo, 2017. JR Smith by David Liam Kyle/NBA/ Getty Images, 2017 **206–207:** Supreme®/Everlast® Leather Heavy Bag, 2016 and Satin Hooded Boxing Robe, 2017 **208:** Tyshawn Jones by Quentin de Briey, NYC, 2017 **209:** Digi skateboard deck, 2017 **210:** Juelz Santana by Ari Marcopoulos, NYC, 2017 **211:** Cash Paperweight, 2017 **212:** Tyshawn Jones by William Strobeck, NYC, 2017 **213:** Supreme®/Andis® Master Clippers by Oliver Payne, 2017 **214–215:** Supreme/Scarface™ skateboard decks. Supreme/ Scarface™ Embroidered Leather Jacket by Ari Marcopoulos, NYC, 2017 **216, 229:** By Harmony Korine, Miami, 2017 **217–218:** AKIRA/Supreme by Jiro Konami, NYC, 2017 **219:** AKIRA/Supreme skateboard decks, 2017 **220–221:** Crop Fields video by Ben Solomon, 2017 **222:** Gonz Ramm skateboard deck, 2017 **223:** i-D Magazine ad by Harmony Korine, 2014 **224:** DJ Quik by Ben Solomon, LA, 2017 **225:** Supreme®/Stone Island® by Hanna Moon, London, 2017 **226:** Supreme®/The North Face® by Ari Marcopoulos, NYC, 2017 **227:** Supreme®/Woolrich® Wool Throw Blanket, 2017 **228:** Supreme®/Artek® Aalto 400 Tank Chair, 2017 **230–231:** Supreme®/UNDERCOVER by Hanna Moon, London. 2017 **232–233:** London crew by Logan Hill, London, 2016. London store interiors **234–235:** Brooklyn store interiors. Alex Olson at Brooklyn store by John Wilson, 2017 **236–239:** Supreme Lafayette Street store bathroom door **240–241:** Paris crew by Maxwell Tomlinson, Paris, 2016. Paris store interiors **242–243:** Detail of Brooklyn store collage installation by Fuck this Life **244–245:** Supreme team by Atiba Jefferson, SF, 2018 **246:** William Strobeck and Sean Pablo by William Strobeck, LA, 2018 **247:** Gucci Mane by Max Goldman, Atlanta, 2016 **248–249:** Tyshawn Jones by Jonathan Mehring, NYC, 2017 (L), 2015 (R) **250–251:** Supreme®/Fox Racing® by Gogy Esparza, 2018 **252:** Alphabet Vase, 2018 **253:** Jason Dill and William Strobeck photographed by Alexis Gross, NYC, 2012 **254:** Supreme®/The North Face® by Hanna Moon, London, 2018 **255:** Supreme®/ RIMOWA Topas Multiwheel, 2018 **256:** Kevin Bradley and Rowan Zorilla by John Wilson, NYC, 2018 **257:** Supreme®/The North Face® by Ari Marcopoulos, NYC, 2018 **258–259:** Supreme®/LACOSTE by Harley Weir, London, 2018 **260:** Poppy Seed Packet, 2018 **261:** Kevin Bradley by Alex Pires, Berlin, 2017 **262:** Skull Pile skateboard deck, 2017 **263:** Supreme/Hellraiser by Jiro Konami, NYC, 2018 **264:** Tyshawn Jones and Ben Kadow by William Strobeck, Berlin, 2017 **265:** Sancheeto for Supreme video by Zev Magasis, NYC, 2018 **266:** Sage Elsesser and Na-kel Smith by William Strobeck, LA, 2015 **267:** Supreme®/Stern® Pinball Machine, 2018 **268–269:** Ben Kadow by Gray Sorrenti, NYC, 2018 **270:** By Jared Sherbert, NYC, 2017 **271:** Illegal Business skateboard decks, 2018 **272–273:** Supreme®/UNDERCOVER/Public Enemy. By Bolade Banjo, NYC, 2018 **274:** By Jared Sherbert, NYC, 2018 **275:** New York Post, 2018 **276–277:** By Ari Marcopoulos, NYC, 2018 **278–279, 282–283:** "BLESSED", a video by William Strobeck for Supreme, 2018 **280:** Supreme team at "BLESSED" world premiere by Atiba Jefferson, NYC, 2018 **281:** "BLESSED" Tee, 2018 **284:** Tyshawn Jones Thrasher Magazine cover by Jared Sherbert, 2018 **285:** Tyshawn Jones Thrasher Magazine Skater of the Year by Atiba Jefferson, SF, 2018 **286:** Larry Clark by Sandy Kim, NYC, 2019

Phaidon Press Limited
2 Cooperage Yard
London E15 2QR

Phaidon Press Inc.
111 Broadway
New York, NY 10006

Phaidon SARL
55, rue Traversière
75012, Paris

phaidon.com

First published 2019
Reprinted 2021, 2022, 2023, 2024 (twice),
2025 (twice)
© 2019 Supreme

ISBN 978 1 83866 031 4 (Trade Edition)
ISBN 978 1 83866 032 1 (Supreme Edition)

A CIP catalogue record for this book is available from
the British Library and the Library of Congress.

Commissioning Editor: Deb Aaronson
Project Editor: Lynne Ciccaglione
Production Controllers: Nerissa Vales and
Sue Medlicott

Design by STUDIO 191

Printed in China

Supreme would like to thank everyone who has helped
make this book possible.